Konrad Breitrainer • Der Soldat Johann Astner & Die Ärztin

Konrad Breitrainer

Der Soldat Johann Astner
&
Die Ärztin

- Zwei Erzählungen -

FOUQUÉ PUBLISHERS NEW YORK

Copyright ©2011 by Fouqué Publishers New York
Originally published as *Der Soldat Johann Astner & Die Ärztin, 2009*
by Weimarer Schiller-Presse

First American Edition
Printed on acid-free paper

Library of Congress Cataloging-in-Publication Data
Breitrainer, Konrad
[Der Soldat Johann Astner & Die Ärztin. German]
1st American ed.

ISBN 978-0-578-08537-1

Der Soldat Johann Astner

Vorwort

Diese Erzählung beruht auf wahren Begebenheiten. Sie soll den verehrten Leserinnen und Lesern vor Augen führen, in welche schmerzliche Lage ein Mensch schuldlos geraten kann, aus der es keinen Ausweg und kein Entrinnen mehr gibt. Welche Mächte mitwirken, daß ein Weltkrieg dieses Ausmaßes entsteht, werden selbst die klügsten und gescheitesten Historiker nicht gänzlich, sondern nur bruchstückhaft erforschen können. Die menschliche Seele hat unergründliche Tiefen. Die Zusammenstellung der Ereignisse soll als Dokumentation dienen, wie sich der Alltag vor, während und nach dem furchtbaren Zweiten Weltkrieg auf dem Lande abgespielt hat. Sie erhebt nicht den Anspruch, vollständig zu sein; denn sie beruht auf dem, was einerseits der Verfasser persönlich erfahren und mitgemacht hat und andererseits die betroffenen Personen ihm mitgeteilt haben. Und wie die Person nur ein Teil der Gemeinschaft ist, so ist auch das persönlich Erlebte nur ein Teil des Gesamtgeschehens. Diese Darstellung soll auch dazu dienen, daß keiner die Nase rümpft und auf die Kriegsgeneration verächtlich hinabschaut, sondern jeder zu seiner Zeit alles tut, um das Entstehen ähnlicher Verhältnisse zu verhindern. Wer selber absolute Richtigkeit seiner politischen Anschauung beansprucht, tut dasselbe, was Extremisten, Fanatiker und Fundamentalisten vor ihm auch getan haben. Glaube, Hoffnung und Liebe sind die Grundlagen des Himmels, Gerechtigkeit, Gleichheit und Versöhnung die Grundlagen des Friedens auf Erden.

Die Astner in Esbaum

Esbaum, ein kleiner Weiler auf dem Samerberg, eingebettet in die Mulde des ehemaligen Samersees, ist die Heimat des Soldaten Johann Astner. Die Leute nannten ihn einfach Hans. Geboren und aufgewachsen ist er beim Schmied, einem uralten Gehöft, dessen Grundherrschaft seit alters zum herzoglichen Kasten in Rosenheim und ab 1697 zum Kloster Rott am Inn gehörte. 1552 wurde von einem Jörg Schwarzenpeck „das Heusl mit Wissen des Kastners geschlagen". Auf der Schmiede lag seit Anfang die Gerechtsame des Hufschmiedes. 1664 kam das Recht des Nagelschmiedes hinzu. So war das Schmiedanwesen in Esbaum ein für die Jahrhunderte typischer Betrieb des Klainhäuslers, der, um überleben zu können, zu der Landwirtschaft hinzu ein Handwerk betrieb. Die Erträgnisse aus der Landwirtschaft allein waren zum Sterben zu viel und zum Leben zu wenig. 1746 erbaute der Besitzer Georg Vordermaier am Bach, der hinter der Schmiede vorbeifloß, einen Wasserhammer. Dieser übergroße Hammer hatte ein derart schweres Gewicht, daß menschliche Hand ihn weder bewegen noch heben konnte. Das geschah mit der Wasserkraft des vorbeifließenden Baches. Über eine Walz- und Hebevorrichtung wurde der Hammer angehoben und wieder auf den Amboss fallengelassen. So konnten größere und schwere, in der Esse glühend gemachte Eisenteile wie Achsen und Träger geformt und geschmiedet werden.

Nach den Napoleonischen Kriegen zog der Schmiedegeselle Johannes Jakob Astner als Handwerksbursch von Oberdießen im Landkreis Landsberg am Lech nach Esbaum auf den Samerberg im Landkreis Rosenheim, um Arbeit zu suchen. Er stand beim Schmied ein, verliebte sich in die Erbtochter Barbara und ehelichte sie am 18. September 1815. Auch er stammte aus einer langen Schmiedetradition; denn sein Urgroßvater Johann Astner, der als Schmiedmeister (Faber ferrarius) 1715 gestorben war, wurde am Ende des Dreißigjährigen Krieges in Asch nahe Oberdießen geboren.

An der Wende vom 19. zum 20. Jahrhundert gingen aus der Schmiedfamilie Astner in Esbaum tüchtige Bäuerinnen und Schmiedemeister hervor. Anna, die Moserbäuerin in Linden auf dem Samerberg wurde, konnte mit ihrem Ehemann einen stattlichen Hof vorweisen und sich über eine gesunde Familie freuen. Schwester Anna Maria Astner blieb ebenfalls auf dem Samerberg, heiratete zum Weyerer in Kohlgrub und war eine ehrengeachtete Bäuerin.

Vier Astnersöhne zogen ins Inntal hinab, um dort den Handwerksberuf des Schmiedes auszuüben. Jakob Astner wurde Schmiedemeister in Degerndorf, begründete eine Familie und erhielt das Ehrenbürgerrecht. Diese Astnerfamilie brachte weiterhin tüchtige Schmiedemeister, Bürgermeister und Ehrenbürger hervor. Michael Astner, ein tüchtiger Schmiedemeister, heiratete zum Bauernschmied in Fischbach am Inn. Diese Astner-Linie, die wei-

tere Abzweigungen in Fischbach, Hafnach, Hinterberg und Groß-
holzhausen, alle im Inntal, hervorbrachte, wurde ebenfalls durch
Bürgermeister und Ehrenbürger bekannt. Peter Astner stand an
Tüchtigkeit seinen Geschwistern in Nichts nach, kaufte sich in
Oberaudorf ein Anwesen und begründete eine Schmiede. Er und
seine Nachfahren erscheinen immer wieder im öffentlichen Leben
der Gemeinde als erfolgreiche, tüchtige und verdienstvolle Bürger.
Joseph Astner errichtete in Brannenburg eine Schmiede, die heute
in der Astner-Schmiede in Elbach im Leitzachtale weiterlebt.

In der nächsten Generation machte sich Michael Astner von
Esbaum auf, um in Mietenkam, Gemeinde Grassau im südlichen
Chiemgau eine blühende Schmiede aufzubauen.

Jakob Astner, Bruder des vorgenannten Schmiedemeisters Michael Astner und Onkel des Soldaten Johann Astner, wurde Elek-
tromeister und Vorstandsvorsitzender der neu gegründeten Elektri-
zitätsgenossenschaft Samerberg. Er leitete das E-Werk in Leger und
hielt mit seinen Gesellen die Stromleitungen zu den weit verzweig-
ten Ortschaften und Ainöden in den vier Gemeinden des Samerbergs in Stand.

Johann Astner, der Großvater des vorgenannten Soldaten Hans,
Huf-, Nagel- und Wagenschmiedmeister, Ökonom und Bürgermeister, gründete 1892 den Darlehenskassenverein Samerberg, die
heutige Raiffeisenbank, 1894 die Zuchtgenossenschaft des Pinzgau-
er Rindes, trieb damit regen Handel bis Breslau in Oberschlesien,
gründete 1899 die Almgenossenschaft Samerberg und erhielt im
bayerischen Landwirtschafts- und Genossenschaftswesen höchste
Auszeichnungen. Im Sterbematrikel der Pfarrei wird er als homo
nobilis, ingenuus, amatus bezeichnet. Er wurde bei der Wahl am
12. Januar 1919 auf der Liste der Christlichen Volkspartei in den
Bayerischen Landtag gewählt. Es galt das Verhältniswahlrecht. Zum
ersten Mal hatten auch Frauen hier ein Stimmrecht. Auf dem Weg
zur Konstituierenden Sitzung des Landtags am 21. Februar 1919
wurde der Ministerpräsident Kurt Eisner ermordet. Johann Astner
lag zu diesem Zeitpunkt zu Hause schwer auf dem Krankenbett da-
nieder. Eine Genesung blieb ihm versagt. Zu sehr waren seine Kräfte
durch die jahrzehntelange Schwerstarbeit für seine Schmiede, Familie, Gemeinde und darüber hinaus aufgebraucht. Im Alter von 60

Jahren starb er am 22. Februar 1919 vor seinem ersehnten Einzug in den Bayerischen Landtag.

Beim Schmied in Mietenkam

Hans Astner war dazu bestimmt, vor seinen jüngeren Brüdern Anton, Peter und Josef, im elterlichen Betrieb das Schmiedehandwerk zu erlernen. Er wurde rechtschaffen erzogen und wuchs in einer tief religiösen Familie heran. In den zwei vorausgegangenen Generationen ging jeweils ein Priester aus der Familie hervor. In einer unruhigen Nacht, niemand weiß warum, wurde Hans von einem schweren Traum geplagt, der wie eine Trud auf ihm lastete. Die Trud ist eine von jenen Hexen oder Unholdinnen, deren besondere Liebhaberei es ist, sich schlafenden Personen in allerlei furchtbaren Gestalten breit und schwer auf die Brust zu setzen und in ihnen die ängstliche Empfindung, den Alptraum zu verursachen. Hans sah, ohne die Nebenumstände und Ursachen zu erfahren, seinen Onkel Paul in einer Blutlache liegen und röchelnd sterben. Als er schweißgebadet am Morgen erwachte, umkreiste ihn ein Schwindelgefühl, derart, daß er nicht mehr wußte, ob das, was er in der Nacht erlebt hatte, Traum oder Wirklichkeit war. Leichenblaß kam er von der Schlafkammer in die Küche hinab. Seine Mutter Susanna erschrak.

„Hans, was ist mit dir los?" rief sie voller Schrecken aus. „Du siehst ja aus wie ein Toter, so wachsfarben ist dein Aussehen!"

„Ich weiß selbst nicht, Mama, was mit mir los ist. Ich hab' einen sehr unruhigen Schlaf gehabt."

Von dem Wahngesicht beunruhigt und zugleich ängstlich, auch nur das Geringste davon irgend jemand zu verraten, verbrachte er den Vormittag in der Schmiede und erweckte wiederholt den Eindruck, daß er geistesabwesend sei. Einmal ließ er sogar das glühende Eisen fallen, das er auf den Amboß gelegt hatte und dort festhalten sollte.

„Was hast denn?" donnerte ihn die mächtige Stimme seines Vaters an. „Paß auf und halte das Eisen fest! Es muß geschmiedet werden, solange es heiß ist."

Nach dem Mittagessen drängte er bei seinen Eltern darauf, seinen Onkel Paul zu besuchen, von dem er wußte, daß er zum Barras einrücken mußte. Paul wurde am 11. Februar 1909 beim Schmied in Esbaum geboren und arbeitete jetzt bei seinem Bruder Michael, der als Meister eine Schmiede in Mietenkam im südlichen Chiemgau aufbaute und betrieb. Zwei Gründe bewogen Hans dazu: Einmal drängte ihn der unklare Traum zu diesem Besuch, zum andern sah er täglich, was zu Hause in der Schmiede los war. Aber er wollte wissen, wie's anderswo zuginge. So machte er sich mit Erlaubnis des Vaters zu Fuß auf den Weg dorthin. Als er von Grainbach ostwärts ging, hinunter nach Oberwildenried, verließ er den Bereich des Samerbergs, der ihm Heimat und Geborgenheit darstellte. Er genoß das Rauschen des Windes in den Zweigen und Blättern der Bäume. Er vernahm mit Freude das Plätschern und Gurgeln des Wassers im Bach, der das Tal durchzog. Dann führte ihn der sandige Weg vorbei an Ruckerting nach Westerndorf. Als er durch Frasdorf ging, schlug gerade die Uhr vom Kirchturm, so als wollte sie ihn grüßen und eine gute Wanderschaft wünschen. In seinen Gedanken malte er sich schon aus, was er bei seinen Onkeln Michael und Paul in der Schmiede alles sehen und dazulernen könne. Sinnierend, halb träumend setzte er den Weg in Richtung Niederaschau fort. Das leise Rauschen der Laub- und Nadelbäume begleitete ihn fortwährend. Da eröffnete sich ihm plötzlich der wunderbare Blick auf Niederaschau mit seiner zweitürmigen Barockkirche und auf die majestätische Burg Hohenaschau, Jahrhunderte Sitz der Aschauer, Mautner, Freybergs und Preysings. Über allem aber thronte die Kampenwand, zur Linken die Gedererwand und zur Rechten die Scheibenwand. Hans, der bisher noch nie den Samerberg verlassen hatte, empfand ein ihm vorher unbekanntes Gefühl, wie schön doch die Heimat mit ihren Auen und Wiesen, Äckern und Wäldern, Seen und Bergen erschien. In Niederaschau erwarteten ihn prachtvolle Häuser, deren Fenster barocke Ornamente umrandeten. Die großen Flächen schmückten Lüftlmalereien mit Handwerksszenen, die erkennen ließen, welchen Beruf der Hausherr ausübte. Oft ergänzte auch eine Malerei religiösen Inhalts die freien Wandflächen. Von den Balkonen und Fensterkästen hingen Geranien verschiedener Farben nieder. Besonders fielen ihm die Malereien des Wirtshauses auf, das gegenüber der Kirche stand. Er hatte zu Hause schon oft gehört, daß die Einwohner von Hohen- und Niederaschau ihre Häuser mit besonderer Liebe gestalteten und ausmalen ließen. Nun sah er alles mit eigenen Augen. Jedes Haus löste in ihm neues Staunen aus. Damals begannen Sommerfrischler vor allem aus Sachsen und Thüringen den Ort Aschau im Chiemgau zu entdecken und den Urlaub dort zu verbringen, weil zum einen die Landschaft und Ortschaften so herrlich und zum andern die Leute so nett und ansprechend waren. Von Niederaschau aus richtete Hans seinen Weg ostwärts, vorbei am Bärnsee, den Weilern Inner- und Außerkoy, bis sich ihm nach Göttersberg der herrliche Blick auf Bernau und den Chiemsee eröffnete. Staunend blieb er stehen, um dieses Bild der überirdisch schönen Landschaft des malerischen Chiemgaus einzusaugen. Im Ort Bernau nahm er den Weg an der Kreuzung bei der Pfarrkirche südwärts in Richtung Grassau. Seine Tritte wurden beschwingter, so als hätten die Füße nun Flügel. Und je näher er seinem Ziel kam, desto leichter wurden seine Schritte. Er wanderte weiter nach Rottau, ließ die Torfebenen südlich des Chiemsees links liegen, gelangte durch Rottau, ein schmuckes Dorf, dessen Einwohner auf ihre sauberen, bunt bemalten und blumenreichen Häuser stolz sind. Der Weg führte weiter nach Grassau, das den Eingang zum Achental bildet. Im Ort erkundigte sich Hans, wo der Weg nach Mietenkam führe und wie weit es noch sei. Die als hilfsbereit bekannten Einheimischen wiesen ihm den Weg, worauf er immer dankend Abschied nahm und weiterzog. Ein paar Kilometer nordöstlich von Grassau erwartete ihn der Ort Mietenkam, in dem sein Onkel, Schmiedemeister dortselbst, sein Gewerbe betrieb. Gegen Abend kam er an.

Freudig empfingen die Onkel Michael und Paul den jungen Hans, der am 24. April 1939 vierzehn Jahre alt geworden war. Onkel Michael, der noch keinen Feierabend hatte und den ledernen Arbeitsschurz trug, eilte, als er Hans ankommen sah, aus der Schmiede und begrüßte ihn:

„Grüß Gott, Hans! Bist gut angekommen? Wie war der Weg von Esbaum über Grainbach, Frasdorf, Aschau, Bernau und Grassau hierher? Wie lange hast gebraucht?" Es waren lauter alltägliche, ortsübliche Fragen, die er an ihn richtete. Er ließ Hans gar nicht zu einer Antwort kommen, sosehr überhäufte er ihn mit solchen Allerweltsfragen.

Auch Tante Maria eilte aus dem Haus herbei, um den lange erwarteten Neffen Hans in die Arme zu schließen. Sie war ebenso wie Onkel Michael und Onkel Paul ledig.

„Gott sei Dank, daß du wohlbehalten angekommen bist, lieber Hans!" rief sie freudig aus und drückte ihn herzlich an sich.

Da kam auch Paul aus der Schmiede heraus und begrüßte ihn freudig:

„Gott sei Dank, Hans, bist du gut angekommen! Dein Vater hat mir schon mitteilen lassen, daß du mich noch besuchen willst, bevor ich einrücken muß. Das freut mich ganz besonders, daß du mit mir noch reden willst. Es gibt halt doch noch einen, für den ein Gespräch mit mir interessant ist."

Onkel Paul, 1909 in Esbaum geboren, war nun 30 Jahre alt und hatte schon 16 Jahre Lern- und Gesellenzeit als Schmied hinter sich. Und Hans, der nun selber dieses Handwerk bereits ein Jahr erlernte, erwartete mit Spannung, was ihm der Onkel alles enthüllen würde.

„Onkel Paul", fing Hans an, „wenn heute Feierabend ist, setzen wir uns auf die Hausbank, und da kannst du mir viel erzählen, was so ein Schmied den ganzen Tag machen muß. Onkel Michael hat eh keine Zeit. Am Abend kommen noch viele Bauern zu ihm. Für die muß er sich Zeit nehmen und dann noch die Arbeit für den kommenden Tag einteilen."

Feierabend in Mietenkam

Der ersehnte Feierabend war angebrochen. Onkel Paul hatte das Arbeitsgewand abgelegt, sich gründlich gewaschen und für den freien Abend aufgefrischt. Nach dem gemeinsamen Abendessen, das Tante Maria liebevoll gekocht und aufgetischt hatte, ging Onkel Michael ins Büro. Onkel Paul und Hans setzten sich auf die Hausbank und genossen sichtlich den angenehmen Augustabend.

Während sie so dasaßen und über vielerlei Dinge ratschten, kam der Bürgermeister vorbei, der auch schon von Amts wegen wußte, daß Paul Astner in Bälde erst zum Arbeitsdienst und anschließend zum Wehrdienst eingezogen werde. Er ermunterte ihn und sagte:

„Lieber Paul, hab Mut! Männer wie du, die im Beruf und im öffentlichen Leben der Gemeinde so unbescholten sind und so ehrengeachtet dastehen, müssen im Leben, gleich wo sie stehen, Glück haben. Seit einem Jahr arbeitest du bei deinem Bruder, dem Schmiedemeister Michael, und jeder in Mietenkam und in Grassau hat dich als rechtschaffenen Bürger kennengelernt. Deine Familie auf dem Samerberg kann stolz sein auf dich. Für sie und für dich ist es eine große Ehre, dem Vaterland dienen zu dürfen, eigentlich die höchste Ehre, die es für einen Bürger gibt. Lieber Paul, ich habe einen großen Respekt vor dir, daß du bereitwillig zum Arbeitsdienst und zum Dienst im Heer einrückst. Solche Männer wie dich braucht das Vaterland. Es gibt Leute, die nur sich dienen, nicht aber dem Volke. Das sind die Egoisten, die niemand achtet. Und es gibt Leute, die dem Volke dienen, die wir alle ohne Ausnahme achten und ehren. Als solcher giltst in den Augen aller auch du. Also, lieber Paul, die Bürgerinnen und Bürger der Gemeinde Grassau und sicher auch Deiner Heimatgemeinde Stainkirchen schauen mit Hochachtung auf dich. Du wirst sie nicht enttäuschen."

Mit diesen Worten verabschiedete sich der Bürgermeister, ohne Paul Gelegenheit zu einer Antwort gegeben zu haben. Durch diesen Wortschwall war er in die Enge getrieben worden, ohne sich daraus befreien zu können.

„Ja, mein lieber Hans", sagte Paul, „das haben die Bürgermeister so an sich. Sie reden einen gleichsam tot, lassen einen nicht zu Wort kommen und weichen so jeder Frage- und Antwortstellung aus. Im Grunde brauchen sie ein gutes Mundwerk, sonst können sie sich nicht behaupten. Aber zwischen dem Redenkönnen und dem Totreden ist halt noch ein großer Unterschied. Das Erstere ist eine Tugend, das zweite ein Laster. Aber er tut ja nur, was die National-Sozialistische deutsche Arbeiter-Partei (NSDAP) von ihm verlangt. Der Bürgermeister und der Gemeinderat sind zwar vom Volk gewählt, aber anschaffen tut die Partei."

Hans, der bisher sieben Jahre auf dem Samerberg die Volksschule besucht, Lesen und Schreiben, Erdkunde und Rechnen gut gelernt hatte, der alles, was der Lehrer den Kindern erzählte, für bare Münze nahm, wurde unsicher und fragte seinen Onkel: „Ist das wirklich so, daß die Partei in alle Bereiche der Bürger und Bürgerinnen hineinregiert?" Weil sein Lehrer davon nie etwas gesagt hatte, hielt Hans es auch für unwirklich.

„Lieber Neffe", entgegnete ihm Onkel Paul, „früher versuchten die Kaiser und Könige, Grafen und Fürsten, Grundherren und Gefolgsleute ihre Untertanen ganz, nicht halbherzig zu beherrschen. Heute tun dasselbe die Präsidenten und Kanzler. Nach außen hin heißt die Staatsform Demokratie, nach innen ist es ein totalitäres Regiment, gestützt durch ein raffiniertes Spitzelsystem."

Hans erschrak bei diesen Worten. So deutliche Worte durften öffentlich nicht gesprochen werden; deshalb hatte er noch nie Ähnliches gehört. Da ihm Begriff und Inhalt des Wortes „Einrücken" noch etwas verschwommen waren, fragte er weiter:

„Lieber Onkel, was heißt eigentlich Einrücken? Was muß da ein Mann tun?"

Paul atmete tief durch, seufzte hörbar und sagte: „Einrücken heißt, zum Barras eingezogen werden, die umfangreiche Kampfausbildung durchmachen und im Falle eines Krieges das deutsche Vaterland verteidigen. Und wenn die Front im Ausland verläuft, muß man dort im Hagel der Bomben, Granaten und Geschosse die Feuertaufe bestehen. Die meisten Landser verlieren dabei Blut und Leben. Die Ausbilder, meistens verrückte Fanatiker, versuchen, den Rekruten weiszumachen, daß der Heldentod fürs Vaterland süß und etwas Schönes sei."

Resignierend lehnte sich Paul zu den Rückenlatten der Hausbank zurück und seufzte: „Der einzelne Mann kann dagegen nichts ausrichten. Wer den Befehl verweigert, dem wird ins Gesicht geschrien: ‚Hunde, wollt ihr ewig leben?', dann wird er wegen Ungehorsam und Wehrzersetzung erschossen. Soweit ich bisher etwas erfahren habe, wird Feiglingen, so nennt man diese Männer, ein kurzer Prozeß gemacht, der mit der Hinrichtung abgeschlossen wird."

Hans, der im Herzen ein zartes Gemüt trug, hielt sich die Hände vors Gesicht, wollte nichts mehr hören und sehen; sosehr war er erschüttert über dieses grausame Vorgehen gegen eigene Leute. Er malte sich aus, um wieviel härter und gefühlloser die Maßnahmen gegen Fremde sein würden. Dann schoß es aus ihm heraus: „Lieber Onkel, das, was du mir sagst, ist so furchtbar, daß es mir durch Mark und Bein geht. Reden wir lieber von etwas anderem!"

Paul spürte, wie sehr Hans erschüttert war, und lenkte das Gespräch sofort auf die Schmiede über. Er wußte, hier würde das junge Herz wieder auftauen und warm werden.

Hans war nun mittlerweile ein Jahr aus der Volksschule. In der Landwirtschaft daheim mußte er schon mitarbeiten, als er noch in die Schule ging, und in der Schmiede leistete er Handlangerdienste, z. B. das glühende Eisen mit einer Zange ruhig auf dem Amboss festhalten, damit der Vater oder die Gesellen es mit dem Hammer bearbeiten und formen konnten. Schon am ersten Tag nach der Volksschule begann er bei seinem Vater die Lehre als Schmied. Er hatte also schon einige Erfahrungen gesammelt sowie Handgriffe und Fertigkeiten sich angeeignet. Wie zu Hause in Esbaum der Tag ablief, das wußte er; was aber den ganzen Tag in der Schmiede des Onkels Michael in Mietenkam geschah, das wußte er noch nicht; deshalb regte er Onkel Paul an:

„Du könntest mir eigentlich erzählen, was ihr, Onkel Michael und du, den ganzen Tag in der Schmiede tut."

„Sehr gerne, Hans, tue ich das. Ich fange gleich an, damit dein Wissensdurst gestillt wird. Nun höre:

Um fünf Uhr morgens nach dem Gebetläuten stehen Maria, Michael und ich auf. Nach dem Waschen und Anziehen gibt es das Frühstück, meistens gekochte Milch und Brot mit Butter und Käse oder Marmelade. Anschließend ordnet Bruder Michael noch sein Büro, während ich in der Schmiede die Arbeiten des Tages vorbereite. Oft muß die vom Vortag liegengebliebene Arbeit noch vollendet werden. Um sieben Uhr kommen die ersten Bauern, um ihre Rösser beschlagen zu lassen. Zuerst werden dabei die verformten Hufe zugeschnitten, dann das jeweils dazu passende Hufeisen im Feuer glühend gemacht und auf den Huf aufgebrannt. Dabei ensteht ein starker Horngestank. So um acht bis neun Uhr beginnen die Arbeiten am Wagenbau, die sich über den ganzen Tag hinziehen. Alle Holzteile eines Heuwagens müssen ja durch die verschiedensten Eisenteile zusammengehalten werden. Die Arbeiten am Holz sind Sache des Wagners und die am Eisen sind Sache des Schmiedes. Ein Rad für einen Wagen zu schmieden erfordert hohes Können. Der Wagner liefert das Rad an, die Nabe als Mittelstück, der rund umlaufende Reifen und die Speichen als Verbindung zwischen beiden. In die Nabe befestigt der Schmied die Buchse, die als Lager für den Zapfen der Achse dient. Dabei muß die glühende Buchse in die Holzrundung hineingebrannt werden, so daß sie fest sitzt. Für den Eisenreifen verwendet der Schmied Bandeisen, das an einer Seite leicht abgerundet ist. Er biegt und formt es so, daß es auf den Holzreifen paßt, schweißt es an der Nahtstelle zusammen, macht es im Feuer heiß und zieht es auf den Holzreifen auf. Beim Erkalten wird der Eisenreifen fest auf das Holz aufgepreßt. Vormittag und Nachmittag wird eine kurze Rast und Brotzeit eingelegt. Zum Mittagessen lassen wir uns Zeit. Der Feierabend beginnt dann, wenn der letzte Bauer geht. Oft hört das Ratschen nicht auf, dann wird's sehr spät, bis wir unsere Ruhe haben, uns waschen und das Abendessen einnehmen können. Der Feierabend gehört uns.

Während Paul und Hans so redeten, gesellte sich der eine und andere Nachbar hinzu, gleichsam, um einen kurzen Haimgarten zu machen. Allmählich legte sich Dämmerung über das Firmament, und sie gingen ins Haus. Dort erwarteten sie schon Maria und Michael, die sich wunderten, warum die beiden es draußen so lange ausgehalten hatten.

Meister Michael begann sogleich, an sie die Frage zu richten: „Was habt ihr für interessante Gespräche gehabt, daß ihr draußen geblieben seid und euch nicht langweilig wurde?"

Paul entgegnete, daß der Bürgermeister vorbeigekommen sei und ihn ermuntert habe, mit Freuden zum Arbeitsdienst und anschließend zur Infanterie einzurücken. Der Dienst für das Vaterland sei ein ehrenvoller Dienst und ein Stolz für die ganze Familie.

Michael entgegnete ihm, daß die Obrigkeiten immer schöne Sonntagsreden über die Vaterlandsliebe hielten, sich selbst aber immer davor drückten, wenn es darum ginge, persönlich Leib und Leben zu opfern. Sichtbar verärgert über diese Drückeberger fügte er hinzu: „Die Politiker verlangen allesamt vom Bürger den Dienst an der Waffe, lassen ihn von der Kirche absegnen. Selbst aber verkriechen sie sich in den sicheren Winkeln der geschützten Heimat."
Paul fuhr fort: „Weiter hat unser Neffe wissen wollen, wie bei uns der Tagesablauf in der Schmiede ist. Da habe ich ihm alles erzählt. Nun weiß er mehr Bescheid über die Schmiede in Mietenkam."
Tante Maria strickte aus Schafwolle Socken und Handschuhe für die kalte Jahreszeit. Onkel Michael erläuterte, was morgen alles zu tun sei. Und sie gingen nacheinander ins Bett, nachdem jeder aus dem Weihbrunnkessel rechts neben der Küchentüre Weihwasser genommen und sich damit bekreuzigt hatte.
Hans betete vor dem Einschlafen das gewohnte Nachtgebet „Bevor ich mich zur Ruh' begeb' „ und überdachte noch mal den erlebnisreichen Tag und schlummerte ein.

Noch vor dem Morgengrauen erwachte Hans. Das ungewohnte Bett und die fremde Umgebung ließen ihn kaum einen ruhigen

17

Schlaf finden. Er blieb noch im Bett liegen, betete sein Morgengebet „Zu dir erwach' ich liebster Gott", bis die Erwachsenen von den Schlafkammern hinuntergingen, um sich für das kommende Tagwerk zu stärken, und begab sich dann auch in die Waschküche, um sich zu waschen, zu rasieren und zu erfrischen. Während des Frühstücks, das sie wie üblich gemeinsam einnahmen, besprachen sie noch einmal die Ereignisse des vergangenen und die Arbeiten des kommenden Tages. Politik spielte keine Rolle.

In der Schmiede herrschte den Tag über reger Betrieb. Onkel Michael beschlug Rosse, und Onkel Paul fertigte Stück für Stück an einem neuen Heuwagen. Hans half, wo er gerade gebraucht wurde. Immer wieder schaute er zu Paul hin. Ihn zu besuchen war er ja auch gekommen. Und wenn mal ein bißchen Zeit frei war, stellte er an ihn vielerlei, oft belanglose Fragen, wie man dies und jenes mache. Hans wollte halt mit Paul nur reden. Paul spürte, daß im Neffen etwas vorginge, da er bei jeder Gelegenheit zu ihm kam und einfach mit ihm reden wollte. So war es Abend geworden, und die erwartete Freizeit auf der Hausbank begann.

Die an der Straße draußen vorbeigehenden Leute störten in keiner Weise das Gespräch, welches Hans und Paul miteinander führten. Hie und da rief einer, der erfahren hatte, daß Paul nächste Woche einrücken müsse, ihm zu: „Viel Glück, Paul! Komm wieder gesund zurück! Und wenn du auf Urlaub kommst, lasse es mich gleich wissen!"

Ein anderer rief ihm zu: „Paul, habe gehört, daß du zum Arbeitsdienst und dann zur Infanterie mußt, Respekt! Ist mir schon aufgefallen, daß in den letzten Wochen so viele Burschen und Männer eingezogen worden sind. Da ist was nicht sauber."
Paul rief antwortend zurück: „Wenn das Vaterland ruft, muß man folgen und gehen. Da gibt es kein Ausweichen."

Hans merkte gleich, daß alle nur mehr vom Einrücken sprachen, und fragte seinen Onkel: „Was ist der Arbeitsdienst? Wo mußt du da hin? Und was ist die Infanterie? Was muß die tun?"

Paul antwortete ihm leise, damit kein anderer es hören konnte:

„Der Arbeitsdienst ist etwas Gutes. 1933, als Adolf Hitler an die Macht kam, hatte Deutschland noch sechs Millionen Arbeitslose, Familienväter ohne Arbeit, ohne Brot. Rechnest zu jedem Frau und drei Kinder hinzu, dann waren etwa 30 Millionen ohne Nahrung.

Die politische Lage brodelte wie im Hexenkessel. Heute gibt es keine Arbeitslosen mehr. Im selben Jahr wurde am 23. September mit dem Bau von Autobahnen, Straßen und Brücken, Flugplätzen und Kasernen begonnen, und die Leute bekamen wieder Arbeit und Brot. Auch Bayern profitierte davon. Es entstanden die Autobahnen München-Salzburg, München-Augsburg-Ulm und München-Nürnberg-Hof. Hoffentlich dienen alle diese Maßnahmen nur guten und friedlichen Zwecken! Die Infanterie oder das Heer überhaupt hat wie eine Münze zwei Seiten: Wenn's nur darum geht, das eigene Land zu verteidigen, dann hat das Heer eine richtige und wichtige Aufgabe. Ist aber der Hintergrund ein anderer, z. B. ein Nachbarland zu überfallen und anzugreifen, dann ist das ein Mißbrauch des Heeres."

Hans lauschte Paul und fragte weiter: „Warum reden die Leute jetzt so viel vom Einrücken?"

Paul spähte vorsichtig rundherum, um sicher zu sein, daß niemand zuhöre, und entgegnete: „Niemand weiß was Genaues. Auffallend ist, daß im Bereich des Militärs jeder Rekrut sofort zur Kampfausbildung kommt und daß sehr viele Truppenbewegungen stattfinden. Warum und wozu, das weiß niemand. Schon wenn man darüber munkelt, wird man als Reichsfeind angesehen. Drum schweigt man besser darüber. Verstehst du, Hans?"

Abschließend bekräftigte Paul: „Ein Krieg ist immer ein Verbrechen, gegen den Landser, mehr noch gegen die wehrlosen Mütter, Kinder und Greise, insgesamt gegen die Menschlichkeit! Alle Staaten der Welt müßten die Kriege ächten und die Ächtung ernst nehmen! Die Schwerter müßten in Pflugscharen umgeschmiedet werden, wie Isaias es sagt! Wenn ein Staat dieser Konvention ‚Gegen den Krieg! Für den Frieden!' nicht beitritt und sie weder ratifiziert noch unterschreibt, der sollte aus der internationalen Staatengemeinschaft ausgeschlossen werden, politisch und wirtschaftlich."

Nun konnte Hans seine Empfindungen nicht mehr zurückhalten. Es platzte gleichsam aus ihm heraus, daß er in der Nacht von vorgestern auf gestern einen schlimmen Traum gehabt und ihn, seinen Onkel Paul, in einer Blutlache liegen und röchelnd sterben gesehen habe.

Da fuhr Paul ein kalter Schauder durch die Adern. Im Nu veränderte sich seine Hautfarbe von einem blühenden Rosa in eine fahle

Wachsfarbe. Am Körper bildete sich eine runzelige, struppige Gänsehaut.

„Auch mich", bekannte er, „hat in derselben Nacht ein schreckliches Traumgesicht heimgesucht, ein sehr schreckliches. Schwer verwundet, bin ich irgendwo in den eisigen Weiten Rußlands neben einer Holzbaracke blutend gelegen und erfroren. Gott sei Dank bin ich vor lauter Schreck aufgewacht. ‚Träume sind Schäume' dachte ich mir und habe weiter keine Acht mehr darauf gegeben. Jetzt aber, wo du, wie du sagst, einen Traum desselben Inhalts gehabt hast, jetzt wird's mir unheimlich zumute."

Hans und Paul waren im Augenblick, wohl in dieselben Gedanken versunken, so geschockt, daß sie es für ratsam hielten, dieses unliebsame Gespräch zu beenden, und sie begaben sich ins Haus.

In der Küche saßen Maria, Michael und Paul mit Hans ein wenig beisammen und erkundigten sich, was alles so in der letzten Zeit auf dem Samerberg sich ereignet habe und wie es zu Hause stehe. Hans erwiderte, daß sowohl in der Landwirtschaft als auch in der Schmiede Arbeit genug zu tun sei. Auffallend sei, daß so viele junge Männer zum Barras eingezogen würden, daß es einer Mobilmachung gleichkomme.

Meister Michael fügte hinzu, daß er, was die Zukunft betreffe, kein gutes Gefühl habe. Das bisherige Rüsten und die Einberufungen so vieler jungen Männer könnten eigentlich nur den Sinn und Zweck haben, einen Krieg zu führen, ob zum Angriff oder zur Verteidigung. Für die betroffene Bevölkerung sei Krieg immer Krieg, wie man ihn auch nenne.

„Ich hasse", betonte er mehrmals, „das Wort ‚Heiliger Krieg'. Selbst die Gottlosen, denen die Worte ‚Gott' oder ‚heilig' fremd sind, gebrauchen, um das Volk einzulullen, Worte wie ‚Gottes Vorsehung' oder ‚heilige Pflicht'. Aber sag' was dagegen, dann landest in Dachau. Also schweigt man besser. Ein weiteres Zeichen, daß der Führer alles beherrschen will, ist, daß alle Parteien, auch die Bayerische Volkspartei, durch Gesetz aufgelöst wurden. Keine Macht mehr in München! Alle Macht in Berlin! Das war noch nie gut!"

Tante Maria, eine kreuzbrave Frau, verstand die Welt nicht mehr. Auf der einen Seite prägt Jesus unser Leben. Und der lehrt uns Glaube, Hoffnung und Liebe, Frieden und Versöhnung. Auf der

20

anderen Seite gebärden sich die Machthaber wie wild gewordene Bestien, welche den Glauben bekämpfen, die Hoffnung untergraben, statt Liebe Haß auf die Fahne heften, den Krieg verherrlichen und die Unversöhnlichkeit zum politischen Grundsatz erheben.

„Da hilft nur noch beten, daß Gott die Mächtigen zur Einsicht führt", sagte sie und verabschiedete sich auf die Schlafkammer.

„Das setzt aber voraus, daß die Mächtigen und Stolzen die bessere Einsicht annehmen", schloß Paul das Gespräch ab. So nahmen sie der Reihe nach das Weihwasser, bekreuzigten sich damit und gingen in ihre Schlafkammern.

Hans blieb den größeren Teil der Nacht ohne Schlaf. Sein Traum und der des Onkels Paul sowie alle Anzeichen eines nahenden Krieges beunruhigten ihn derart, daß eine unbesiegbare Unruhe sein Denken verwirrte.

„Froh bin ich, wenn es dämmert und der Tag anbricht!" sagte er sich und betete zwischendurch, um die Ruhe und den Frieden des Herzens zu finden.

Am Morgen wusch er sich und aß zusammen mit der Tante und den Onkels zum Frühstück eine Milchsuppe. Mit herzlichen Wünschen für ihn und die Lieben in Esbaum verabschiedeten sie ihn und wünschten ihm eine gute Fußwanderung.

Als Hans seinem Onkel Paul zum Abschied die Hand reichte, sah er ihm in die Augen, aus denen Tränen kollerten. Paul drückte Hans eng an sich und sagte: „Lieber Neffe, sollte ich im Felde bleiben, vergiß nicht, für mein Seelenheil zu beten! Hier auf dieser Welt haben wir sowieso keine Bleibe."

Rasch riß Paul sich los und verschwand wortlos in der Schmiede. Maria und Michael winkten Hans noch nach, bis er aus ihren Augen entschwand. Diese Stunden in Mietenkam, ein Abend, ein Tag und ein Morgen, hatten Hans völlig verändert. Die Familie daheim hatte ihm bisher eine heile Welt geboten. Nun war sie zerbrochen.

Auf dem Heimweg über Grassau, Rottau, Bernau, Aschau und Frasdorf zum Samerberg dachte Hans immer wieder nach, was der Krieg letztendlich sei. Daß sein Onkel Paul einrücken und die Kampfausbildung ablegen müsse, könne unmöglich ein Zeichen des Friedens sein. Eine Unzahl solcher und ähnlicher Gedanken schwirrte Hans durch den Kopf. So nahm er die Schönheiten der Voralpenlandschaft des Chiemgaus auf seinem Heimwege gar nicht mehr richtig wahr.

Immer wieder sagte er sich: „Wie gut, daß ich Onkel Paul noch einmal besucht habe! Wie gut! Wer weiß, ob ich ihn je wiedersehe? Niemand kann sagen, ob die Träume nicht doch das ankündigen, was in Zukunft geschehen wird. Wie gut, daß ich Onkel Paul noch einmal gesehen habe! Vielleicht das letzte Mal?"

„Da wir nun viele Dinge, die zwischen Himmel und Erde geschehen, weder sehen noch verstehen", setzte er seine Gedanken fort, „tun wir gut daran, so zu handeln, als sähen und verstünden wir sie. Gott gibt uns oft Zeichen. Wer an Ihn glaubt, kann sie verstehen. Wer Ihn leugnet, dem bleiben sie verborgen."

Während des ganzen Weges wälzte er solche Gedanken. So verflogen die Stunden, ohne daß er es merkte.

Als Hans von Thal her über Unter- und Oberwildenried auf die Anhöhe von Wenk kam, erfüllte ihn eine Freude, als wenn er schon lange von daheim fortgewesen wäre. Wie beflügelt schwebten seine Schritte über die Sandstraße hin. Meist ging er auf dem grünen Rasenrain, der zwischen den beiden sandigen Fahrspuren sich erhob. Hier waren die Auftritte sanfter und schmerzten nicht so sehr.

Bald kam er am Marterl nahe dem Wiedholz vorbei, wo während des Spanischen Erbfolgekrieges die Kroaten am 18. Juli des Jahres 1704 Simon Schmid, den Mesner von Grainbach, niedersäbelten. Hans hielt inne, betete für das Seelenheil des armen Mesners ein Vaterunser und schickte ein Stoßgebet zum Himmel, Gott möge die Heimat vor zukünftigen Greueltaten einer feindlichen Soldateska verschonen.

Über Haus und Törwang eilte Hans Esbaum seinem Heimatdorf zu. Freudig pochte sein Herz, als er wieder daheim ankam. Das, was er in den letzten drei Tagen gesehen und gehört hatte, erweckte in ihm den Eindruck, als habe er unendlich viel erlebt und sei lange abwesend gewesen.

Wieder in Esbaum

Sein Vater und die Gesellen waren gerade dabei, einer Kuh die Klauen zuzuschneiden. Schnoatn nannten sie das. Dazu wurde das Rind in einem Notstall angehängt, der jeweilige Fuß mit Gurten hochgezogen und mit Riemen festgebunden. Als sie Hans kommen sahen, riefen sie ihm von weitem „Grüß Gott" zu. Der Vater ging ihm entgegen und sagte: „Gott sei Dank, daß du wieder da bist! Raste dich ein bißchen aus! Geh in die Küche und iß etwas! Mama wartet schon auf dich und hat dir etwas zum Essen hergerichtet. Dann kommst in die Schmiede, uns zu helfen. Wir haben wie immer viel Arbeit."

Susanna, seine Mutter, hatte vom Hausinnern aus diese Worte gehört und ging hinaus, Hans, ihren Sohn, den sie sehr liebte, zu empfangen. Sie umarmte ihn, was sie sonst bei ihrer Schüchternheit nicht tat, und führte ihn in die Küche, wo ihn seine Lieblingsspeise erwartete, Schuxn mit Sauerkraut.

Sie fragte ihn aus, wie es ihm auf dem Hin- und Rückweg ergangen sei, wie es in der Schmiede in Mietenkam ginge und ob alle gesund seien. Hans legte der Mutter dar, daß sie sehr viel über den Barras, die Einberufungen der Rekruten und die Truppenbewegungen gesprochen hätten. Als er ihr von Paul erzählte, nahm seine Gesichtsfarbe einen fahlen Ton an.

„Paul geht nicht gerne zum Arbeitsdienst und anschließend zum Barras", sagte er zur Mutter. „Ein fürchterlicher Traum, er werde in einer Blutlache in den eisigen Weiten Rußlands sterben, beschäftigt Tag und Nacht sein Denken und läßt ihn nicht mehr los."

„Wo die Macht der Menschen am Ende ist, hilft nur mehr das Beten", sprach sie leise vor sich hin und, zu Hans gewandt: „Halten wir gut zusammen! Gott wird uns nicht verlassen."

Dann ging Hans in die Schmiede hinaus und reihte sich zur Arbeit ein.

Kriegsbeginn

Es folgte eine unruhige Woche. Die Bauern, die in die Schmiede kamen, brachten vielerlei Gerüchte mit. Eingezogene Soldaten berichteten, daß ungeheure Truppenbewegungen stattfänden, stetige Alarmbereitschaft angeordnet sei und alles darauf hindeute, daß ein Krieg bevorstehe. Der Schmiedemeister selber, der täglich seiner redlichen Arbeit nachging und sich weniger um die sogenannten großen Ereignisse kümmerte, wußte genau, was Krieg heißt. Er war ja selber 1914 als 22jähriger Bursche eingezogen und an die

Westfront geschickt worden. Es schauderte ihn bis ins Mark, wenn er an das in den Monaten Februar bis Juli 1916 bei Verdun unter den Generälen Joffre und Falkenhayn gewollte und durchgeführte Männerschlachten dachte. Nur durch unendlich großes Glück war er der Hölle von Verdun entkommen, in der etwa 350.000 französische und nicht viel weniger bayerische junge Männer ausgeblutet wurden. Keiner der beiden, weder der französische General Joffre noch der deutsche General Falkenhayn, wurden jemals wegen Massenmordes oder Kriegsverbrechens angeklagt.

Die Schmiede war neben der Wirtschaft beim Wagner der allgemeine Treffpunkt der Bauern im hinteren Samerberg gewesen. Hier tauschten die Männer neben der Arbeit die Neuigkeiten aus. Die Frauen waren in Haus und Hof eingespannt. Sie hatten sich um die Familie und die Kinder zu sorgen. Politik war nicht ihre Sache. So hatten sie auch in der Öffentlichkeit nichts zu suchen.

Trotz der Vermutungen und Gerüchte der letzten Wochen und Tage, daß ein Krieg bevorstehe, schlug am 1. September 1939 die Nachricht wie eine Bombe ein, daß Adolf Hitler am Vortag den Befehl zum Angriff und um 4.45 Uhr morgens das deutsche Heer unter dem Generalobersten von Brauchitsch die Grenze nach Polen überschritten habe. Vater Astner ahnte das kommende Morden und Schlachten und sagte vieldeutig: „Jetzt hat der Teufel das Regiment in die Hand genommen!"

Er dachte gleich an seinen jüngsten Bruder Paul, der inzwischen vom Reichsarbeitsdienst aus in das Heer eingegliedert worden war.

Mutter Astner holte ihren ältesten Sohn Hans, der zu Beginn des Zweiten Weltkrieges gute 14 Jahre alt war, mehr als bisher zu sich. Von einer bösen Ahnung geplagt fürchtete sie, daß die Kriegsfurie auch ihn verschlingen könne.

Und tatsächlich wurde ab sofort die Hitlerjugend straffer organisiert. Bis dahin waren es lockere Zusammenkünfte mit Spielen wie Verstecken, Suchen und Finden. Nun mußten sie in wöchentlichen Appellen Aufrufe und Befehle entgegennehmen. Schon die Buben, die noch in die Schule gingen, wurden zu Übungen herangezogen, die, wie es hieß, nur zur körperlichen Ertüchtigung dienten. In Wirklichkeit waren es vormilitärische Übungen. Hitlerjugendführer konnte werden, wer aus dem Ort stammte. Die Übungen und Appelle leitete jeweils ein Mann der Schutzabteilung (SA) oder der

Schutzstaffel (SS) aus der nahen Kreisstadt. Der mußte ein blinder Gefolgsmann Hitlers und seiner totalitären Partei sein.

Vater und Mutter sahen es gar nicht gern, wenn Hans und die übrigen Söhne Georg, Anton und Peter immer antreten mußten. Sepp war noch zu jung. Oft genug ließen sie ihre Söhne einfach zu einer notwendigen Arbeit daheim und begründeten dies mit den allgemeinen Aufrufen der NSdAP, daß Arbeit den Staat zu Blüte und Gedeihen führe, Müßiggang aber ihn verderbe.

Eines Tags flatterte ein Brief ins Haus, daß die Buben des Hauses jedesmal pünktlich zum Appell zu erscheinen hätten. Andernfalls wäre man gezwungen, härtere Maßnahmen zu ergreifen. Ebendiese sog. härteren Maßnahmen, von denen man nicht wußte, worin sie bestünden, wollten die Eltern ihren Söhnen ersparen. Der Postbote, der den Blauen Brief zustellte, machte eine streng dienstliche Miene. Er vermied jede persönliche Bemerkung und Beurteilung. Die Leute wunderten sich. Er war ja ein guter Bekannter und sonst auch recht gesprächig.

Daß Hitler das Ultimatum der Engänder und Franzosen unbeantwortet verstreichen ließ und damit der Kriegszustand Englands samt allen beherrschten Gebieten der Dominions und der Frankreichs gegen Deutschland eingetreten war, ging im Trubel der täglichen Sieges- und Sondermeldungen durch den Volksempfänger unter. Auch die Teile der Bevölkerung, die Hitler wegen seiner feindlichen Gesinnung gegenüber Kirche mißtrauten, wurden von diesem Siegestaumel mitgerissen. Als aber nach Abschluß der Einnahme Polens am 1. Oktober kein Frieden eintrat, sondern der Krieg mit England und Frankreich fortbestand, erfaßte die Bevölkerung ein Unbehagen. Waren doch schon die ersten Gefallenen in die Heimat gemeldet worden. Der Schmiedemeister ließ sich nicht in den äußerlichen und oberflächlichen Freudenrausch hineinziehen. Er bewahrte sich seinen klaren Blick und sein scharfsinniges Urteil. Warnend beendete er jedes Gespräch mit den Landwirten, die bei ihm politisierten:

„Wenn der Bettelbub aufs Roß zum Reiten kommt, kommt ihm der Teufel nicht mehr nach! so sagten schon unsere Väter, so ist's auch jetzt und so wird's auch in Zukunft sein."

Einer, der's ihm gut meinte, flüsterte einmal dem Schmied zu: „Nicht so laut! Das ist gefährlich!"

Unerschrocken antwortete er: „Gott müssen wir mehr gehorchen als den Menschen. Und kein weltliches Gesetz kann uns das verbieten."

Der Schmiedemeister war eine Respektsperson. Sein Wort und seine Meinung hatten Gewicht und galten etwas. Das wußte er, und darum versuchte er auch immer wieder, dem allgemeinen Hochgefühl mäßigend entgegenzuwirken. Aber wie es halt so ist: Die Euphorie reißt die Massen mit sich, ungewiß, wohin und mit welchem Ende.

Eines Abends, als sie den späten Feierabend genießend in der Stube saßen, schärfte der Vater seinen Söhnen ein: „Paßt auf! Bei uns in Deutschland geht eine Bewegung vor sich, sie wächst täglich, die dem Führer eine absolute Macht zuerkennt. Alle Vereine hat er auflösen und zu Untergliederungen seiner Partei machen lassen. Alle Parteien, auch unsere gute Bayerische Volkspartei, hat er ausgeschaltet, verboten, liquidiert. So etwas endet in keiner Generation gut. Gott allein, der ewig ist, kann absolute Werte und Rechte haben."

Und bedauernd fügte er hinzu: „Schade, schade, daß der Friedensvertrag von Versailles die Ausbeutung Deutschlands bis aufs Blut festgelegt hat! Welch ein Unheil, daß die Engländer und Franzosen diesen Vertrag aufs Wort getreu vollzogen haben! Das war der Nährboden für Leute wie Adolf Hitler. Mit der Losung ‚Los von Versailles!' zog er wie der Rattenfänger von Hameln skrupellos die Leute zu sich."

Der Krieg zog sich in die Länge, kein Ende zeichnete sich ab. Immer mehr Männer wurden eingezogen und immer jüngere. Niemand wagte darüber zu sprechen, daß die Verluste an der Front die Ursache dafür sein könnten. In Söllhuben unten, etwa zehn Kilometer vom Samerberg entfernt, wurde der Pfarrer Joseph Lechner nach der sonntäglichen Nachmittagsandacht verhaftet und für sechs Monate ins Konzentrationslager Dachau gebracht. Die Ursache war, daß er am Vormittag während der Predigt Kritik an den Nationalsozialisten geäußert hatte. Verraten hatte ihn der Ortsbauernführer, wie man munkelte. Das Ereignis, daß selbst ein Pfarrherr verhaftet und in Dachau interniert wurde, wirkte wie ein Schock auf die katholische Bevölkerung.

Die andauernden Sondermeldungen bewirkten, daß die Hörer des Rundfunks allmählich in ihrer Empfindsamkeit gegenüber Kriegsberichten abstumpften und lethargisch und teilnahmslos dahinlebten. Nur wo ein Gefallener zu beklagen war, entstand wieder das Bewußtsein, daß Deutschland im Kriegszustand lebte. Im Jahr nach Kriegsbeginn wurden die Eroberungen in Holland, Belgien, Dänemark und Frankreich erfolgreich abgeschlossen. Die sich aneinanderreihenden Siege brachten Hitler den Ruf des Erfolgsmannes ein. Als jedoch die Kriegsschauplätze sich auf den Balkan ausdehnten und sogar auf Afrika übersprangen, ergriff das Gefühl eines unkalkulierbaren Risikos die Bevölkerung. Die herben Verluste der deutschen Fallschirmspringer über Kreta führten mit einem Schlag dem Volke vor Augen, daß der Krieg kein Spaziergang mehr ist, sondern blutige Wirklichkeit. Der Nimbus der Unbesiegbarkeit war von Hitler und den Heeresgenerälen abgefallen.

Anfangs sah man in Hitler sehr wohl einen vernünftigen Menschen. Das änderte sich schlagartig, als er am 22. Juni 1941 den Befehl zum Krieg gegen Rußland gab. Damals waren 28000 Mann zu Fuß, 2500 zu Pferd und 60 Geschütze unter General von Wrede nach Rußland gezogen. Nur mehr 2000 kehrten lebend in die Heimat zurück. Es trat eine allgemeine Entmutigung ein. Allein die fanatischen und unbelehrbaren Gefolgsleute Hitlers hielten die Reihen dicht. Die folgenden Tage drehten sich alle Gespräche um den Rußlandkrieg. Im Grund hatte niemand ein Verständnis dafür, da Rußland dem deutschen Volk kein Leid zugefügt hatte. Der Schmiedemeister wagte laut zu sagen:

„Selbst Napoleon ist im Herbst und Winter 1812 in den endlosen Weiten Rußlands gescheitert. Nur ein Verrückter zieht daraus keine Lehre."

Einige pflichteten ihm zaghaft und leise bei, andere taten dies mutig und hörbar. Hans stand dabei und erschrak bei dem Gedanken, daß es den deutschen Landsern genauso ergehen könnte wie dem Heere Napoleons.

Das Schulkreuz

Auch der geistige Kampf gegen die katholische Kirche erhielt mehr Druck und nahm groteskere Formen an. Im Spätherbst 1941 erschien während des vormittäglichen Schulunterrichts ein Mann mit brauner Uniform in der Schule zu Roßholzen, wies sich vor den Lehrkräften als Gesandter des Reichskulturministeriums aus und entfernte die Kruzifixe in den Schulsälen. Er ließ sich eine Staffelei geben und nahm eigenhändig die Kreuze von der Wand. Der Lehrer und das Fräulein gehorchten prompt. Sie waren gezwungen, ihr Fähnlein nach dem Wind zu richten. Als die Schulkinder nach Hause kamen und dies erzählten, ging der Schmiedemeister Johann Astner, der Vater des Hans, von Ortschaft zu Ortschaft, von Haus zu Haus und warb für Anhänger, die mit ihm für die Wiederanbringung der Kreuze in den Schulsälen kämpften.

Seine Frau Susanna, die hochschwanger war, unterstützte ihren Mann voll und ganz, war aber um ihn besorgt, er könne in die Fänge der Nazischergen geraten.

„Halt' an Gott fest!" sagte sie zu ihm, „und mache es ihnen klar, daß man nur mit Gott, nicht gegen Gott auf der Welt bestehen könne."

Schmiedemeister Johann Astner fuhr mit einigen unerschrockenen Samerberglern, einer mutigen Frau und vier gestandenen Mannsbildern, nach Rosenheim, erschien mit ihnen vor dem Parteizentrum der NSdAP und brachte dort ihre Forderung „Die Kreuze wieder in die Schule" vor. Nach Aussagen Josef Deindls, des Altbürgermeisters der Gemeinde Stainkirchen, und der Familien Astner in Esbaum und Maurer in Brunn begleiteten ihn Frau Anna Deindl, Kollerin von Unterstuff, Martin Maurer, Hasnbauer von Brunn, Johann Strein, Scherer von Hundham, Andreas Stuffer, Gernmühle, und Michael Stuffer, Fritznbauer von Holzmann. Für ihren Widerstand gegen die öffentliche Anordnung mußte jeder 200 Reichsmark Strafe zahlen. Diese Summe nahmen sie gerne auf sich. Ihr Glaube an Jesus Christus, den Gekreuzigten und Auferstandenen, war es ihnen wert.

„Das ist Anordnung aus Berlin", antwortete der dortige Leiter „Da können wir nichts machen."

„Anordnung hin, Anordnung her", antwortete ihm Astner. „Seit Menschengedenken hängen die Kreuze in unseren Schulsälen als Zeichen und Bekenntnis unserer Religion. Wer die entfernt, der bringt das Volk gegen sich auf! Wollen Sie das? Wer offen seinen Kampf gegen die christliche Religion aufnimmt, der versündigt sich gegen Gott und verliert beim Volk Ansehen und Sympathie! Das können Sie doch nicht wollen!"

Die Männer aus dem hinteren Samerberg verließen nicht eher die Parteizentrale, als bis der Leiter ihnen zusagte, sie dürften die entfernten Kreuze wieder dort anbringen, wo sie vorher auch gehangen hatten.

Schmiedemeister Johann Astner hing nach seiner Rückkehr auf den Samerberg persönlich in der Schule zu Roßholzen in den zwei Schulsälen die Kreuze wieder an ihre Stelle an der Vorderwand des Schulzimmers. Tage später stellte der Postbote ihm einen Gerichtsbeschluß zu, wonach er eine spürbare Strafe zu zahlen hatte, die er wegen seines Glaubens gerne zahlte.

Insgesamt mehrten sich die Anzeichen, daß an die Stelle der christlichen Religion die nationalsozialistische Ideologie treten und Adolf Hitler den Platz des Ewigen Gottes einnehmen solle.
Die allmächtig erscheinende Partei in Berlin hatte in leichtsinniger oder überheblicher Weise mißachtet, was Johannes Turmair von Abensberg, genannt Aventinus, in seiner Baierischen Chronik niedergeschrieben hatte: „Das baierische Volk ist kirchlich, schlecht und recht, geht und läuft gerne wallfahrten, hat auch viele kirchliche Aufzüge."

Viele gaben damals den Krieg Hitlers schon deshalb verloren, weil er gegen die jüdische und christliche Religion kämpfte, gegen Knoblauch und Weihrauch, wie sie sich ausdrückten. Viele störten sich daran, daß die Person Hitler in die Nähe einer Vergöttlichung gerückt wurde, und hielten dieses Bestreben für eine grenzenlose Blasphemie.

Die Stimmung bei der Bevölkerung sank weiter, als die Vereinigten Staaten von Amerika in den Krieg gegen Deutschland eintraten. Neben der Weltmacht im Osten nun auch die Weltmacht im Westen als Gegner zu haben, das könne ein kleines Volk wie die Deutschen nicht erfolgreich bestehen. Man fürchtete, von allen Seiten aufgerieben zu werden. Die Katastrophe von Stalingrad hatte rund 250.000 deutschen Soldaten das Leben gekostet, die Soldaten anderer Nationen nicht eingerechnet. Tag für Tag kamen Gefallenenmeldungen in der Heimat an. Hitler verlor den Nimbus der Unbesiegbarkeit und stürzte in den Ruf des Versagers. Freiwilligenmeldungen zur Front gab es nicht mehr, fortan wurden Zwangsrekrutierungen angeordnet. Die Meldungen zur Schutzstaffel erfolgten bis dahin auf freiwilliger Basis. Fortan wurden sie zwangsweise vorgenommen. Wie im ganzen Land so ergriff auch in Esbaum Mutlosigkeit und Verzweiflung die Bevölkerung. Wenn die Leute sonntags zum Gottesdienst in Roßholzen, Törwang oder Stainkirchen gingen, spürten sie zwei Tatsachen: Einerseits wurde die Zahl der Männer unter den Kirchgängern immer geringer, da immer mehr einberufen wurden, meist an die Ostfront. Andererseits wurden die Verkündigungen von Gefallenen immer häufiger. Gegen die zunehmende Verzweiflung wurde von der NSDAP verstärkt Propaganda eingesetzt, was die Leute aber durchschauten und deshalb den Betörungen keinen Glauben schenkten.

Von der Verwandtschaft standen seit 1941 zwei Soldaten in Rußland, Onkel Paul Astner von Mietenkam, Gemeinde und Pfarrei Grassau im Chiemgau, und Vetter Jakob Astner von Fischbach, Gemeinde und Pfarrei Flintsbach am Inn. 1943 kam Hans Astner von Esbaum hinzu.

Paul Astner

Paul war vom Beginn des Krieges bis zum Angriff auf Rußland im Arbeitsdienst beim Straßen- und Autobahnbau tätig, lauter Maßnahmen, die militärischen Zwecken dienten. Hitler, der sich Führer betiteln ließ, hatte am 23. August 1939 mit Stalin einen Nichtangriffspakt geschlossen. Trotz dieses Paktes ließ Hitler am 22. Juni 1941 die deutschen Truppen in Rußland, so nannte man allgemein die Sowjetunion, einmarschieren. Spätestens zu diesem Zeitpunkt wußte jedermann, daß er selbst Freunden gegenüber zum Wortbruch bereit war. Sogar treueste Gefolgsleute gaben zu, daß er wortbrüchig sei und keinen Funken von Glaubwürdigkeit mehr besitze.

Paul hatte mit den ersten Einheiten des Herresgruppe Mitte unter Generalfeldmarschall von Bock die Grenze von Polen zu Weißrußland überschritten. Gewaltige Fußmärsche mußten die Jäger und Infanteristen jeden Tag, oft bis weit in die Nacht hinein, leisten, um mit dem Vormarsch der motorisierten Truppenteile Schritt zu halten. Dabei trugen sie die volle Marsch- und Kampfausrüstung an Verpflegung und Waffen bei sich.

Der rasche Vorstoß, ohne die Sicherung zu Nachschubverbindungen, brachte die Jägereinheit in Gefahr, da in den endlosen und undurchdringlichenn Waldgebieten um Witebsk Partisanen die Versorgung abschnitten. Die Angst vor Hinterhalten zeichnete die Gesichter der deutschen Landser.

Paul zeigte sich seinen Kameraden gegenüber als Freund und Helfer. Ein Kamerad hatte einmal einen Schwächeanfall erlitten.

„Lieber Kamerad Detlef, nicht verzagen!" redete er ihn an. „Wir sind deine Freunde, wir helfen dir! Gib uns dein Gepäck! Das teilen wir unter dreien auf. So können wir ‚s leichter mittragen."

Da nahm Paul mit noch zwei anderen von der Einheit Tornister, Gewehr und Zelt des Geschwächten, den leichtes Fieber heimsuchte, und trug seinen Teil zusätzlich zum eigenen Gepäck.

„Das schaffen wir schon", ermunterte Paul seine Mitkameraden. „Er wird bald wieder bei Kräften sein und seine Marschausrüstung weiter tragen können. Ein andermal wird er uns helfen, wenn wir seine Hilfe brauchen. ‚Einer trage des anderen Last' gibt Christus uns als Gebot mit zum Leben."

Eine besonders schwere Zeit brach für die Landser Ende Herbst 1941 an. Der russische Winter, gefolgt von einer eisigen Kälte aus Sibirien, brach früher herein als erwartet, und die Spitzen des gesamten Ostheeres waren noch nicht mit der Winterkleidung versorgt. Einen Rückzug zu einer begradigten Linie, die eine ausreichende Einkleidung und Versorgung ermöglicht hätte, lehnte Hitler in seinem Wahn ab. Er hatte nämlich kein Mitempfinden für Menschen in Not.

Paul wetterte eines Tags: „Unser Führer sitzt im warmen Bunker in Berlin, und die Landser hocken draußen in den Wäldern Sowjetrußlands, werden hinterrücks erschossen oder erfrieren. Und er, unser Führer? Selbst ist er nicht bereit, Opfer zu bringen. Von anderen verlangt er sie. Ein sauberer Führer!"

Der Kompanieführer hatte weggehört, der Spieß ebenso. Sie wußten genau, daß die gesamte Kompanie so dachte. Nur keiner sagte es so laut. Sie wußten auch, wenn sie gegen Paul vorgingen, was ihre Pflicht gewesen wäre, gäbe es in der Kompanie einen Aufstand. Und das mitten im Feindesland. Das konnten sie sich nicht leisten. Also ließen sie es sein, als wäre nichts gewesen.

Das aufkommende Frühjahr stürzte die deutschen Truppen in noch größere Schwierigkeiten als der eiskalte Winter. Der steinharte Boden wurde durch die zunehmende Sonnenwärme aufgeweicht. Die Straßen und Wege verwandelten sich in endlose, klebrige Sümpfe. Die Einheiten, die den Vorstoß zu führen Befehl erhalten hatten, versanken im tiefen Schlamm. Ob Panzer oder Lastkraftwagen, ob Geschütze oder Kräder, jegliches Kriegsmaterial steckte im Morast, unbrauchbar für die Soldaten. Da ein Rückzug erst von Hitler verboten, dann vom Schlamm unmöglich gemacht worden war, starben Tausende von Landsern unter den nächtlichen Vorstößen der Partisanen.

Pauls Einheit war in diesen Wochen und Monaten im Gebiet um Newel eingesetzt. Newel liegt an der von Süden nach Norden verlaufenden Bahnlinie Orscha-Witebsk-Newel-Puschkin-Leningrad, etwa 85 km nordnordwestlich von Witebsk und über 200 km ostsüdöstlich von Dünaburg, nahe der Grenze zu Weißrußland. Die 7. Gebirgsjägereinheit Bataillon 98 lag manövrierunfähig um Newel fest. Die Fahrzeuge waren in den Morast eingesunken, und die Soldaten konnten weder vor- noch zurückmarschieren. Sie versanken ebenfalls im Schlamm, und ihre Stiefel staken in der sumpfigen Erde fest. Paul, der nie fluchte, wohl aber seinem Unwillen mit anderen Worten Luft machte, schimpfte:

„So ein Saupatz! Unsere Generäle sollten samt ihrem Führer da drinstecken! Damit sie endlich wissen, was sie da angefangen haben."

In der Nacht schrieb er an seinen Bruder, dem Schmiedemeister in Esbaum, beim spärlichen Schein einer Petroleumlampe noch einen Brief folgenden Inhalts:

„13. März 1942, Wolkowo im Norden Rußlands. Lieber Bruder Hans, ich möchte euch daheim ein Lebenszeichen von mir geben. Die Front ist schwer zu erreichen. Alle Straßen hier sind mehr oder weniger Sandstraßen, ohne daß an den Seiten Gräben zur Entwässerung verlaufen. Aus diesem Grunde rinnt das ganze Schmelzwasser von den umliegenden Feldern und Wiesen in die Straßen hinein, so daß sie im Augenblick unpassierbar sind. Wir kommen weder nach vorne noch nach hinten. Leider gehören wir zu einer Einheit, die befehligt war, einen Keil in die Front der Russen zu treiben und sie auseinanderzuspalten. Jetzt sind wir vom Haupteer abgeschnitten. In den kommenden Tagen, so lautet es, werden wir eigenmächtig uns zur Hauptlinie zurückkämpfen, da wir sonst hier im Patz stekkenbleiben und in Schlamm und Sumpf umkommen. Unsere Einheit hat schon die Hälfte der Soldaten durch den Hinterhalt der Partisanen verloren. Ich habe Glück gehabt. Wenn daheim einmal einer schön über den Krieg daherredet, fahr' ihm über das Maul und sag' ihm, daß der Krieg das größte Greuel und das schlimmste Verbrechen auf der Welt ist! In der Bergpredigt heißt es: ‚Selig, die Frieden stiften; denn sie werden Söhne Gottes heißen.‘ Und die, welche einen Krieg verursachen, heißen folgerichtig Söhne des Satans. Das sollten wir nie vergessen. Ich bete auch viel, daß Gott mir wieder eine glückliche und gesunde Heimkehr gibt. Mehr darf ich nicht schreiben. Ich fürchte, der Brief wird zensiert und bei unliebsamem Inhalt nicht nach Hause transportiert. Ihr werdet Euch daheim auch schon auf den kommenden Frühling freuen. Ich freue mich mit Euch. Bleibt gesund! Grüße alle Verwandten auf dem Samerberg, in Mietenkam und im Inntal! Grüße alle Nachbarn in Esbaum! Behüt Euch Gott!“

Nach einigen Wochen kam Pfarrer Dürnegger ins Haus und brachte die erschütternde Nachricht, daß Paul am 14. März 1942, einen Tag, nachdem er von dort den letzten Brief nach Hause geschrieben hatte, in Wolkowo den Heldentod gefunden habe.

Eine unübersehbare Zahl von Trauernden nahm am Heldengottesdienst in der Filialkirche zu Stainkirchen auf dem Samerberg teil. Viele Kirchenbesucher mußten draußen vor der Kirchentüre bleiben, weil der Kirchenraum sie nicht mehr fasste. Neffe Hans erhielt drei Tage Urlaub vom Arbeitsdienst, damit er am Heldengottesdienst für seinen Onkel teilnehmen könne. Er dachte immer wieder an den Traum, wo er Onkel Paul in einer Blutlache liegend verbluten und sterben sah. Und doppelt sonderbar erschien ihm, daß auch Onkel Paul einen Traum desselben Inhalts gehabt habe. Je

33

mehr ihn bei den Gedanken an überirdische Mächte gruselte, desto mehr vertiefte er sich ins Gebet, um darin Ruhe und Geborgenheit zu finden.

Der Volksbund Deutsche Kriegsgräberfürsorge in Kassel registriert den Gefallenen wie folgt: „Paul Astner, geb. 11. Februar 1909, Vg.Nr. 440756 - USSR" und fährt fort: „Jäger Paul Astner, geb. 11. Februar 1909 in Esbaum 20, Kreis Rosenheim. Truppenteil: 2. Jagdkommando 7. Erkennungsmarke: - 676 - 7. G.J.E. Btl. 98. Todestag: 14. März 1942 in Wolkowo. Grablage: Newel ‚Heldenfriedhof‘ Roter Platz." Der Mensch Paul Astner war zu einer Nummer degradiert worden. So weit war der Wert eines Menschen im Krieg gesunken.

Simon Lanzinger fuhr seinen Kriegskameraden Paul Astner mit diesem Pferdeschlitten von Polowo, wo Paul verwundet wurde, zum Hauptverbandsplatz nach Wolkowo. Während des Transports am 14. März 1942 erlag Paul den schweren Verwundungen.

Hans Astner

Damit der Leser mit der Hauptperson dieser Erzählung besser vertraut wird, als es die bisherige Erzählung erreicht hat, ist die Kenntnis seines tabellarischen Lebenslaufes notwendig. Das landwirtschaftliche Anwesen beim Schmied in Esbaum und die Schmiede betrieben der tüchtige Huf- und Wagenschmied Johann Astner mit seiner klugen und fleißigen Ehefrau Susanna, einer geborenen Willkommer aus Törwang. Hans war nach der Tochter Susanna das zweite Kind dieser Ehe und erblickte am 24. April 1925 zu Hause das Licht der Welt. Sechs weitere Geschwister, fünf Söhne und eine Tochter, folgten noch nach. Hans besuchte ab 1931 sieben Jahre die Volksschule in Roßholzen, trat 1938 beim Vater die Lehre des Schmiedehandwerks an und schloß sie 1941 mit der Gesellenprüfung ab. Ein Jahr arbeitete er bei der Firma Beilhack als Schmied bei der Herstellung von Schneepflügen. Von dort weg wurde er zum Arbeitsdienst einberufen, der zwölf Monate dauerte. Anschließend rückte er zu den Gebirgsjägern in Sonthofen ein. Mit dieser Einheit wurde er 1943 an die russische Front beordert.
Den Schulweg nach Roßholzen legte er täglich zu Fuß zurück, paßte auf die Worte des Lehrers gut auf, merkte sie sich und erledigte gerne seine Hausaufgaben. Tagsüber mußte er, als er noch in die Schule ging, in der Landwirtschaft, im Stall und in der Schmiede mitarbeiten. Deshalb blieb für die Hausaufgaben nur die Zeit nach dem Abendessen, am Feierabend.

Hans war über alle Maßen wißbegierig und las halbe Nächte Bücher, die er sich vom Onkel Peter ausgeliehen hatte. Dieser war nach dem Studium der Philosophie und Theologie am 29. Juni 1931 im Dom zu Freising durch Kardinal Faulhaber zum Priester geweiht worden und betreute im Augenblick die Expositur in Hörgersdorf bei Dorfen in Oberbayern.
Hans war den Eltern gehorsam, in der Arbeit zuverlässig, und der Glaube prägte auch sein Handeln. So hatten seine Eltern stets eine große Freude mit ihm. Deshalb setzten sie auch große Hoffnungen in ihn, daß er einmal sich eine tüchtige Frau nehmen und Hof und Schmiede fortführen würde.

Als er die Arbeitsstelle beim Beilhack in Rosenheim annahm, ahnte die Mutter, daß Hans nicht endgültig zu Hause bleiben würde. Das war nun nicht weiter schlimm; es waren ja noch weitere Buben da; denn nach dem Hans hatte sie bis zu dem Zeitpunkt noch den Söhnen Georg, Anton, Peter und Josef sowie der Tochter Therese das Leben geschenkt. Eine Fortführung des seit Generationen betriebenen Hofes samt Schmiede schien gesichert.

Sommer 1943 erreichte Hans der Stellungsbefehl. Die Eltern erschraken. Das bittere Schicksal Pauls hatte sich tief in ihre Erinnerung eingegraben. Auch wenn sich die Mutter zum Trost oft sagte: ‚Der Mensch denkt, und Gott lenkt‘, beschlich sie doch eine ahnungsvolle Furcht, Hans könne dasselbe Los ereilen wie Paul. Zudem mehrten sich die Todesnachrichten von den Fronten auch auf dem Samerberg.

Als der Tag des Abschieds angebrochen war, herrschte im Schmiedhaus gedrückte Stimmung. Nach der Stallarbeit versammelten sie sich zum gemeinsamen Frühstück in der Küche, die ein großes Rundgewölbe zierte. Hans, der gerade sein 18. Lebensjahr vollendet hatte und, da er noch nicht 21 Jahre alt war, noch nicht volljährig war, und seine Mutter brachten keinen Brocken mehr hinunter. Die übrigen Brüder verstanden den Ernst der Lage weniger und machten scherzhafte Bemerkungen zu Hans, dem ältesten der Brüder.

„Bringst mir, wenn du wieder heimkommst“, sagte der neunjährige Sepp, „ein paar Patronenhülsen zum Spielen mit!“

„Und mir ein Russenkäppi!“ fügte Peter hinzu, der nun zwölf Jahre zählte.

Georg und Anton erbaten sich auch irgendeine Erinnerung von Rußland, wenn er auf Urlaub heimkomme.

Der Vater wehrte den Buben ihre Späßchen nicht. Er ließ ihnen ihre heile Welt. Die würde ihnen der furchtbare Krieg noch früh genug nehmen. Nur etwas mäßigend sagte er zu ihnen: „Eure lustigen Wünsche gut. Besser ist: Wir beten.“

Mittlerweile war die Zeit zum Aufbruch gekommen. Mama streichelte Hans am Kopf, gleichsam, um ihn ihre ganze Liebe und Zuneigung spüren zu lassen. Die sollte er an die Front mitnehmen und mit ihnen ein Stück Elternhaus und Heimat bei sich haben.

Sie ging zum Weihwasserkessel, der rechts neben dem Türstock hing, tauchte die Finger der rechten Hand tief hinein und nahm eine spürbare Menge des geweihten Wassers heraus und segnete

Hans dreimal auf die Stirne und sagte dabei: „Gott, der Alllmächtige, segne und schütze dich, wo immer du bist! Dein heiliger Schutzengel führe dich den Pfad des Glaubens, der Hoffnung und Liebe! Er geleite dich allezeit und allerorten auf dem Weg des Friedens und der Versöhnung! Bleib dem christlichen Glauben und der katholischen Kirche treu!"

Als der Abschied ernst wurde, brach die Mutter in Schluchzen aus. Sie hatte sich bis dahin über ihre Kräfte beherrscht und zurückgehalten, um dem Hans den Abschied nicht noch schwerer zu machen, als er ohnehin schon war. Augenblicklich begannen alle übrigen zu weinen. So geleiteten sie den Hans durch den Hausgang hinaus. Vor dem Haus war die Bushaltestelle. Als der Bus von Roßholzen nahte, drückte die Mutter ihren Bub noch mal an sich, gab ihm ihre Herzenswünsche für eine Zukunft in Gesundheit und eine glückliche Heimkehr mit. Dann ließ sie ihn los, in eine ungewisse und unsichere Zukunft, deren Ablauf niemand ahnen oder voraussehen konnte, in eine Welt voller Haß und Unmenschlichkeit.

Hans drückte unter Tränen jedem noch mal die Hand und stieg rasch ein. Der Bus schloß die Türe und fuhr ab. Lange winkten die Schmiedleute nach, selbst als man den Bus nicht mehr sah.

Hans Astner in Rußland

Als in der Kaserne in Sonthofen alles reisefertig und feldmarschmä-
ßig gepackt war, ließ der Kompanieführer seine Leute zum Appell
antreten. Er musterte jeden einzeln, ob er sauber gewaschen und
rasiert war, ob seine Schuhe geputzt und seine Uniform gebügelt
waren. Nach der Annahme des Gepäckes und des Karabiners mit
Seitengewehr musterte er auch, ob diese blitz und blank waren. Um
gleich jedem die Rangfolge in der Kompanie spüren zu lassen, brüllte er sie an:

„Stillstand! Alle Augen nach rechts!"

Dann hielt er ihnen eine Standpauke:

„Alle folgen aufs Kommando! Das Kommando gibt nur einer. Das
bin ich, verstanden? Verweigerung des Gehorsams wird mit Arrest
bestraft, im Wiederholungsfalle mit Versetzung zu einer Strafkompanie!"

Als er ihnen eröffnet hatte, das die Kompanie an die Ostfront
geschickt werde, spürte Hans eine böse Vorahnung. Er dachte sich:
„Hoffentlich geht's mir nicht wie meinem Onkel Paul!"

Beim Verpacken und Verladen half er einem Kameraden, der
sich ungeschickt anstellte und deshalb vom Kompaniechef wie ein
Dreck zusammengeschissen wurde. Gegen dieses freundliche Mit-
helfen konnte er nichts einwenden. Hans zeigte eine so nette Art
des Helfens, daß selbst der Hauptmann erweicht wurde. Hier zeigte
sich der Wert einer handwerklichen Ausbildung. Jeder Handgriff
saß.

Hans saß in einem Abteil des Zuges, der ihn samt seiner Einheit
an die Ostfront brachte. Er rauchte wie seine Kameraden auch. Da
sprach ihn der Zugschaffner an:

„Seit wann dürfen Kinder rauchen?"

Hans war etwas aufgebracht und erwiderte ihm schlagfertig:
„Seit wann müssen Kinder in den Krieg ziehen?"

Blamiert und mit hochrotem Kopf verzog sich der Schaffner und
ließ sich im Abteil nicht mehr sehen.

Anfangs sandte Hans jeden Monat einen Brief mit der Feldpost
nach Hause. Er wollte nicht, daß sich die Mutter seinetwegen ab-
härmte. Dann kamen die Briefe immer spärlicher an. So mancher
Brief ist auf dem Wege in die Heimat verlorengegangen. Viel konnte

er nicht schreiben, da die Luftpostumschläge nur wenig Platz boten. Und viel durfte er nicht schreiben, weil jede Post vom Vorgesetzten zensiert wurde. Schrieb ein Soldat die Wahrheit in den Brief, wie die Stimmung an der Front war, wurde der Brief eingezogen und beschlagnahmt. Umgekehrt war es ebenso. Die an der Front standen, durften nicht wissen, wie es um die Heimat stand, und die in der Heimat nicht, was an der Front los war. Rundherum war nur ein falsches Beschönigen erlaubt.

Mit einem Mal brach die Verbindung ab. Die Briefe von der Front blieben aus. Mutter Susanna fühlte ihre Ohnmacht gegenüber der Allmacht des Schicksals und suchte im Gebet Trost und Zuflucht.

Der vorletzte Brief, den sie von ihrem Sohn erhielt, hatte einen tröstlichen Inhalt:
„In irgendeiner weiten Steppe in der Ukraine, Anfang November 1943
Liebe Mama, lieber Papa, liebe Geschwister!
Von Sonthofen sind wir gleich an den Dnjepr geschickt worden. Die deutsche Front weicht seit der Katastrophe von Stalingrad zurück und hat dabei große Verluste an Mensch und Material. Die Truppen räumen gerade den Kubanbrückenkopf. Die Sowjets setzen nach. Im September gaben die Unsrigen Noworossijsk auf, im Oktober Dnjepropetrowsk. Gerade hat die Rote Armee Kiew eingenommen. Und wir müssen immer wieder helfen, eine Auffangfront zu bilden und zu festigen. Jeden Weg müssen wir zu Fuß zurücklegen. Wir haben nur wenige Autos. Oft stapfen wir vom Morgengrauen bis in die Nacht hinein durch die endlosen, tiefverschneiten Steppen. Die Heeresgruppe Süd, zu der wir gehören, hat beim Rückzug ungeheure Verluste gehabt, mehrere hunderttausend ausgemergelte Soldaten. So ist es durchgesickert. Man weiß nichts Genaues. Bei jedem Appell hämmert der Kompanieführer uns Landsern ein: ‚Immer bei der Einheit bleiben! Wer am Straßenrand liegen- und zurückbleibt, der erfriert, verhungert oder wird von den Wölfen bei lebendigem Leib zerfleischt und gefressen. Wo es irgendwie geht, müssen die Kräftigen den Schwachen helfen!' Neulich habe ich etwas Schreckliches gesehen. Wir waren gerade auf dem Marsch zur sicheren Hauptfront. Da lagen am Straßenrand Leichen von Soldaten einer

anderen Einheit. Sie waren so entkräftet, daß sie das Tempo des Rückmarsches nicht mehr mithalten konnten. Ihre Kameraden waren wahrscheinlich selbst halb verhungert und nicht mehr imstande, sie zu retten. Grausig, diese entstellten Leichen zu sehen! Wir haben selbst letzte Woche so einen Fall gehabt, wo ein Kamerad aus Schlesien immer wieder in den tiefen Schnee eingebrochen ist. Er jammerte: ‚Lasst mich nicht liegen! Ich hab‘ eine Frau und zehn Kinder daheim. Die brauchen mich. Nehmt mich mit! Ich bitt‘ euch. Ihr seid Christen. ich bin Christ. Bei der Liebe Jesu, lasst mich nicht liegen!‘ Wir haben ihn dann auch mitgenommen. Abwechselnd hat ein anderer Kamerad ihn auf den Rücken genommen und mitgeschleppt. Ich hab‘ ihn auch getragen. Während der Nacht hat er sich dann erholt. Liebe Mama, ich habe dabei an Dich gedacht und mir vorgestellt, daß Du zu mir sagst: ‚Lieber Sohn Hans, laß ihn nicht liegen! Nimm ihn auf Deinen Rücken, seine Hände über die Schultern und schlepp‘ ihn bis zum nächsten Quartier! Tu‘s um Christi willen!‘ Liebe Mama, ich hab‘s dann auch so gemacht, zum einen um der Liebe Jesu Christi willen, zum andern weil in diesen eiskalten, verschneiten und menschenfeindlichen Weiten eine Einheit nur überleben kann, wenn alle zusammenhalten. Ich bete nicht nur für mich, sondern für alle Kameraden, daß wir unsere Heimat gesund wiedersehen. Gott behüte Euch! Euer Hans"

Nach diesem Brief verlor sich längere Zeit seine Spur. Die Ungewißheit, ob er noch lebe und irgendwo liegengeblieben sei, ob er in Gefangenschaft geraten oder gefallen sei, lastete schwer auf der Familie daheim.

Rückzug an der Ostfront

Alle Sympathien, die Hitler gleich nach der Machtübernahme sich erworben hatte, weil eben die Schichten des einfachen Volkes wieder Arbeit und Brot und die Bauern durch das Erbhofgesetz eine gesicherte Existenz erhalten hatten, verscherzte er sich, weil er in einer diktatorischen Art und Weise über Leichen ging. Er hatte in einer sinnlosen Machtbesessenheit einen Vierfrontenkrieg eröffnet und opferte dabei nicht nur Kompanien und Bataillone, sondern ganze Divisionen und Armeen wie in Stalingrad.

Obwohl verlustreiche Rückzugskämpfe das Heer dezimierten und der größte Teil der Bevölkerung den Krieg längst verloren gab, kam wieder Hoffnung auf, als Sondermeldungen den Einsatz neuartiger Antriebssysteme und Waffen verkündeten.

Nikolaus August Otto hatte 1876 den nach ihm benannten Ottomotor entwickelt. Dieser Benzinmotor hatte in den Jahren nach 1937 in den Flugzeugen Heinkel und Messerschmitt höchste Leistungen erbracht. Begriffe wie He 100 und Me 109 waren in aller Munde. Später, es war das Jahr 1892, erfand Rudolf Diesel die Antriebskraft mit innerer Gemischbildung und Selbstzündung. Der sog. Dieselmotor ging 1897 bei MAN in Augsburg in Serie. Er war beim Volk als Motor für schwere Fahrzeuge bekannt und in der Landwirtschaft bei Schleppern verwendet. Nun tauchte, von der Kriegspropaganda gefördert, das Gerücht auf, Deutschland habe einen neuen Motor zur Serienreife entwickelt. In ihm werde Luft angesaugt, verdichtet und erhitzt, Kerosin eingespritzt und das Gemisch entzündet. Die nach hinten ausströmenden Verbrennungsgase entwickelten einen bis dato unerreichten Schub. Dieses Düsen- oder Strahltriebwerk der Heinkel He-178, das erste von einem Turbinen-Luftstrahl getriebene Flugzeug der Welt, habe bereits am 24. August 1939 unter Flugkapitän Warsitz in Rostock den Erstflug erfolgreich bestanden. Es werde die Gegner in die Knie zwingen. 1944, als die englischen und amerikanischen Langstreckenbomber wie Heuschreckenschwärme Deutschland heimsuchten, sahen die Leute vom Boden aus, wie die neuartigen Düsenjäger der deutschen Luftabwehr mit einer bis dahin ungeahnten Geschwindigkeit die feindlichen Bombergeschwader auseinanderrissen und angriffen. Zuletzt schlachtete die Reichspropaganda die Entwicklung und den Bau der Vergeltungswaffen V

1 und V 2 für ihre Zwecke aus. Zum ersten Mal sei die V 1 in der Nacht vom 12. zum 13. Juni 1944 als flugzeugähnliches und mannloses Geschoß gegen feindliches Land eingesetzt worden. Der Erfolg sei riesengroß, die Wirkung für die Kriegsgegner schockierend und verheerend gewesen. Ein Original der Nachfolgerrakete V2 steht, seit sie gegen Ende des Krieges von den Amerikanern erbeutet wurde, in der White Sands Missile Range in Texas. Sie wird dort als die Mutter aller Raketen bezeichnet.

So wurde die nationale Seele angeheizt und trotz der blutigen Verluste und der sich abzeichnenden Niederlage bei der Stange gehalten.

Gefallene melden sich daheim

Sonderbare Dinge traten in den Familien ein, in denen ein Angehöriger an der Front den Heldentod fand. Bei der Familie Stuffer, Adler in Siegharting, blieb in der Nacht des 10. September 1944 die Wanduhr stehen, obgleich die Gewichte in Ordnung daran hingen. In derselben Nacht träumte die Bäuerin, ihr Schwager Schorsch (*14.8.1916, + 10.9.1944) sei in der Nacht in der Schlafkammer gewesen und habe sich verabschiedet. Ein Gruseln überzog ihre Haut, und Schauder riß sie aus dem Schlaf. Am ganzen Körper zitternd rüttelte sie den Ehemann aus dem Schlaf und sagte ihm mit stockenden Worten, daß sein Bruder, der an der Ostfront stehe, vorhin in der Schlafkammer gewesen sei und sich verabschiedet habe. Ungläubig wies er ihre Aussagen als Hirngespinst zurück. Sie vermerkte dieses Ereignis in ihrem Kalender. Einige Wochen später brachte der Pfarrer Dürnegger von Törwang die Meldung ins Haus, daß Georg, der Bruder des Bauern, im Alter von 28 Jahren am Soundsovielten gefallen sei. Sofort schaute die Bäuerin in den Kalender und stellte mit Grauen fest, daß die Todesnacht, die von der Front an die Pfarrei gemeldet worden war, dieselbe war wie die, in welcher der Gefallene daheim in der Schlafkammer erschien, sich meldete und verabschiedete.

Auch anderswo ereigneten sich seltsame Dinge. Ohne sichtbaren Gründe blieben Uhren stehen, fielen Bilder von der Wand oder klopfte es beharrlich ans Fenster. Und wenn die verschreckten Hausbewohner nachschauten, sahen sie niemand.

Selbst die größte Einsicht und Intelligenz, die höchste Klugheit und Weisheit des Menschen kann das Wesen überirdischer Kräfte und Mächte nicht erfassen. Gott läßt sich nicht in die Karten schauen, schon gar nicht von einer Eintagsfliege, wie sie der Mensch ist.

Daß es zwischen Himmel und Erde viele Dinge gibt, welche der Verstand oder die Weisheit des Menschen nur erahnt, aber weder sieht noch hört und fühlt, zeigen die Vorgänge der Telepathie, welche in den Kriegstagen erlebt und erzählt sowie sich durch die kurz darauf nachfolgenden offiziellen Meldungen der Gefallenen bestätigt wurden.

Jakob Astner Fischbach/Inn

Wie weiter vorne erwähnt, stand ein weiterer Astner an der Ostfront. Jakob Astner, am 26. Februar 1906 beim Bauernschmied in Fischbach, Gemeinde und Pfarrei Flintsbach am Inn, geboren, gelernter Huf-, Nagel- und Wagenschmied, wurde zu Beginn des Krieges eingezogen. Während den deutschen Soldaten bei der Gefangennahme der Wehrpaß grundsätzlich abgenommen wurde, konnte Jakob seinen behalten. Er war nicht in Gefangenschaft geraten, sondern starb an einer schweren Verwundung im Lazarett in Warschau. Von dort wurde nach seinem Tode der Wehrpaß den Eltern zugesandt. An Hand dieser Eintragungen ist es dem Leser möglich, Einblick in die von Menschen verursachte Trägödie eines deutschen Soldaten zu gewinnen.

Jakob war von Haus aus im Denken und Sinnen ein gutmütiger Mensch, half gerne in der Nachbarschaft aus, wenn Not am Mann war, und richtete einem armen Klainhäusler mal etwas kostenlos.

„Komm her, lieber Spezi, ich schweiße dir deinen gebrochenen Pflug! Brauchst nichts zu zahlen. Das mache ich nach Feierabend", sagte er, wenn er wußte, daß es ein notleidender Klainhäusler ist.

Zu einem anderen Kunden, der ein Dutzend Kinder zu Hause hatte und ihn bat, die Egge nicht aufwendig wiederherzustellen, sondern nur das Notwendigste zu richten, sagte er: „Ich weiß, du hast viele Kinder und dabei nur ein dürftiges Pachtland."

Als er abwinkte, fuhr Jakob fort: „Neulich ist dir eine Kuh beim Kälbern verendet, für dich ein schwerwiegender Verlust. Tust mir leid. Hab' Erbarmen mit dir. Du kriegst die Reparatur bei mir umsonst. Kannst ja am Sonntag in der Kirche ein paar Pfennige für die Armen in den Klingelbeutel werfen."

Sein Bruder Michael, der den Hof und die Schmiede übernommen hatte und weiterführte, sagte zu ihm: „Lieber Bruder, deine Art, wie du zu Menschen bist und die Kunden betreust, gefällt nicht nur mir. Alle loben diese Haltung. Ich halte es für gut, die Gottesdienste und Andachten in der Kirche zu besuchen, Predigten zu hören und zu beten. Entscheidend aber ist, das Wort Jesu im Alltag der Familie, in der Arbeit und im öffentlichen Leben zu verwirklichen. Mach' weiter so! Das ist für unsere Familie eine Ehre und ein Segen!"

Jakob fühlte sich bestärkt und wußte nun, daß sein Bruder Michael ebenfalls damit einverstanden war, wenn er für arme Leute etwas kostenlos machte.

Anfang September 1939, gleich zu Beginn des Zweiten Weltkrieges, wurde Jakob in die Abwehrbereitschaft 77 an der Oberrheinfront Elsaß-Vogesen-Gebiet eingereiht. In den folgenden Wochen mußte er Vorfeldkämpfe zwischen Mosel und Rhein bestehen und rückwärtige Operationen im Gebiet Heereskommando C decken.

Als der Führer am 22. Juni 1941 den blutigen Feldzug gegen die Sowjetunion befahl, stand Jakob schon in Galizien und lernte die Furie des mordenden Krieges in der Schlacht bei Rawa Ruska kennen. Seine Einheit war die 15. Kompanie des Jägerregiments 207, kurz 15./J.R. 207 bezeichnet. Es gelang hierbei der Durchbruch durch die galizischen Grenzbefestigungen. Die Schlacht bei Lemberg überstand er unbeschadet. Bei den Verfolgungskämpfen bis zur Stalin-Linie, beim Durchbruch nördlich Bar und beim Vorstoß auf Winnica verlor er viele Kameraden. Er ahnte etwas von dem Grauen, das ihn in Rußland erwartete. Seine Kompanie mußte zum ersten Mal aufgefrischt und mit neuen Rekruten ergänzt werden, so viele Kameraden waren durch Tod oder Verwundung ausgefallen.

Beim raschen Vormarsch von Winnica auf Gaissin mußte die Kompanie jeden Tag ungefähr 20 bis 30 Kilometer zurücklegen. Eine ungeheure Leistung, da sie in voller Marschausrüstung gingen! Nach der Schlacht bei Uman, die siegreich beendet wurde, war das Jägerregiment bei der Einkreisung und Vernichtung der russischen Einheiten bei Podwyssokoje beteiligt.

Jakob sah die unzähligen Leichen der gefallenen jungen Russen im Graben liegen, zerfetzt und verblutet. In ihm bäumte sich das Herz auf.

„Welch Wahnsinn, so einen sinnlosen Krieg vom Zaune zu brechen!" wiederholte er vor sich hin. „Welch ein Verbrechen gegen jede Menschlichkeit! Eigentlich müßten die Verantwortlichen selber im Graben liegen. Die haben,s verbrochen."

Die Kameraden, die seine Worte hörten, nickten ihm bejahend zu. Kein Einziger widersprach.

Während Jakob im Felde stand und täglich um Kopf und Kragen fürchten mußte, saßen beim Dannerwirt in Flintsbach die Mannsbilder, die noch zu Hause waren, bei einem Ratsch beisammen. Beeindruckt und betroffen von den vielen Gefallenen, äußerten sie ihren Unmut über die Politik Hitlers.

„Was hat er uns versprochen, der Führer?" brach,s aus dem Oberbergler wütend heraus. „Und was hat er uns gebracht?"

„Wohlstand hat er uns zugesagt, Arbeit und Brot. Freude und Frieden werden wir haben, eine Stärkung der deutschen Nation", bekräftigte dessen Nachbar. „Und was haben wir tatsächlich? Statt Arbeit haben wir Kriegsdienst, statt Freude und Frieden haben wir Trauer und Krieg. Schaut hinaus auf den Friedhof! Schaut die neuen Totenbilder an! Das haben wir."

Der Ortsbauernführer, den dieses politische Amt vor der Einberufung schützte, war der einzige, der Adolf Hitler und seine Politik verteidigte und mit scharfen Worten auf die Verhältnisse vor Hitler hinwies:

„Was haben die Mächtigen in der Welt mit uns gemacht? Hat er uns geholfen, der Präsident Wilson von den Vereinigten Staaten von Amerika? Und der Premier von Großbritannien Lloyd George, der hat uns gehaßt, geknechtet und ausgebeutet, der hat Krieg gesät, bis das deutsche Volk um Erlösung schrie! Clémenceau, der Regierungspräsident von Frankreich, hat das Füllhorn des Hasses und der Rache über Deutschland ausgegossen. Das habt ihr von ihm gehabt! Lloyd George und Clémenceau, die haben doch einen neuen Krieg gewollt, die sind die Väter des jetzigen Krieges!

Was habt ihr denn gehabt, seit dem Versailler Friedensvertrag? Keine Arbeit, Hunger und Not, ja das habt ihr gehabt! Jedes Kilogramm Kohle haben die Engländer und Franzosen abtransportiert, und wir haben gefroren. Die letzten britischen Truppen sind doch erst am 12. Dezember 1929 von der besetzten und ausgebeuteten 3. Rheinlandzone abgezogen worden!

Ein weiterer Beweis, daß England den Krieg wollte, ist doch folgende Begebenheit: Rudolf Hess, der Stellvertreter des Führers, flog am 10. Mai 1941 nach England. Hess hat nicht den Krieg mit England gewollt. Den haben wir ja gehabt. Er hat den Frieden gewollt. Den haben die Engländer abgelehnt. Ich wette: Die Engländer werden die Archive über die Verhandlungen mit Hess auch nach 100 Jahren noch verschließen. Da käme das alles auf."

„Es kommt nicht darauf an, wer den Krieg will", entgegnete der Oberbergler, „sondern darauf, wer den Krieg beginnt."

Gespräche dieser Art gab es überall, einmal für die NSDAP, ein andermal dagegen. Und draußen an der Front, vor allem im Osten, starben die Männer einen sinnlosen Tod.

Jakob Astner hatte bis dato Glück gehabt. Der Vormarsch ging weiter, über Nowo Ukrainka und Kirowograd nach Alexandrija. Jakobs Jägerregiment mußte dann am Dnepr beiderseits Krementschug den Geländegewinn absichern, bevor es Anfang September 1941 am Angriff über den Dnjepr bei Derijewka beteiligt war.

Sie erkämpften mit anderen starken Einheiten die beiden Brückenköpfe Derijewka und Mischurin Rog, wobei sie erhebliche Verluste hinnehmen mußten. Es ist schnell und leicht gesagt, Verluste hinnehmen zu müssen, dahinter aber verbergen sich unendliches Leid und bitteres Schicksal von ungezählten Soldaten.

Während sie auf Schnellboten übersetzten, wurden sie von getarnten russischen Stellungen aus mit Kanonen beschossen, so daß viele im Dnjepr versanken und das jenseitige Ufer nicht erreichten.

Jakob lag geduckt im Boot und wetterte über seine mißliche Lage. Er wußte, daß nicht die Russen daran schuld waren; denn die verteidigten ja nur ihre Heimat. So schimpfte er über Hitler und seine Handlanger; aber es half ihm nichts. Er mußte mittun. Anderfalls wäre er ohne Gerichtsverhandlung standrechtlich erschossen worden.

Überlegene deutsche Panzereinheiten schoben die Linie Osjory - Loschkani - Galeschtschina voran und setzten den Russen in wochenlangen Kämpfen über Poltowa nach. Nach dem Durchbruch bis zum mittleren Donez nahmen sie Lossowaja und wurden in heftige und verlustreiche Kämpfe im Donezbecken verwickelt. Zwar gelang im November die Einnahme von Artemowsk, die Erweiterung des Brückenkopfes über den Bachmut und die Einnahme von Kaganowitscha; jedoch wurden seine und die anderen Einheiten im Donezbecken von Ende November bis zum Jahresende 1941 immer wieder in schreckliche Abwehrkämpfe verwickelt. Jakob erlebte, wie das Vorrücken zwar ohne viele Verluste vor sich ging, die Verteidigung des gewonnenen Geländes aber hohen Blutzoll forderte.

Vom Januar bis April 1942 traten die Sowjets mit starken und frischen Verbänden im Donezbecken zum Gegenangriff an, so daß die geschwächten und verbrauchten deutschen Truppen im Raume von Ssawjansk - Isjum - Barwenkowa - Sergijewka sich förmlich im Boden eingraben mußten, um nicht im Freien niedergeschossen zu werden. Die mit dem Spaten aufgeworfenen Schützengräben verwandelten die Gegend in ein spinnwebähnliches Netz von Gräben, über welche die Landser zur Tarnung Bäume und Äste legten. Die deutschen Maschinengewehrschützen mähten die in Haufen und Scharen angreifenden Russen nieder. Jakob spürte so starkes Mitleid mit den Russen, daß er schier krank wurde. Aber er konnte nicht aus. Hier gab es keine Wahl zwischen Ja oder Nein. Wer nicht mitmachte, war dem Tod geweiht. Die Abwehrkämpfe dehnten sich am Donez, Ssuchoj Torez und an der Majatschka aus. Im Mai 1942 fand die große Vernichtungsschlacht bei Barwenkowo statt. In der Folge zogen sich die sowjetischen Verbände geschickt zurück oder wichen aus, so daß die deutschen Truppen riesige Geländegewinne machten, derart, daß die Kräfte zur Sicherung nicht mehr ausreichten und vier Armeen der Verbündeten eingesetzt werden mußten.

Zu den Verbündeten zählten nicht nur die rumänische Armee, Einheiten aus Ungarn und der Slowakei und drei italienische Divisionen, sondern auch Stämme aus Rußland und der Ukraine, die unter der Tyrannei Stalins ungezählte Tode erlitten. Sie erhofften sich durch die Unterstützung der deutschen Kampftruppen Befreiung von Stalin und Selbständigkeit.

Im Juli gelang der Durchbruch im Donezbecken und die Verfolgung bis zum unteren Don. Der Nordflügel der Heeresgruppe Süd erreichte bei Woronesch den Don und erkämpfte einen Brückenkopf jenseits des Flusses. Die 6. Armee unter General Paulus, die der 4. Panzerarmee gefolgt war, gelangte an den Don westlich Stalingrads. Das Jägerregiment 207 ist beim Vorstoß über den Kuban in das Gebiet von Maikop eingesetzt. Dort, so war es das erklärte Ziel, sollten die Ölfelder besetzt und für die deutsche Wehrmacht dienstbar gemacht werden.

Für die Teilnahme an den Kämpfen erhielt Jakob eine Auszeichnung. Der Text der Urkunde lautet: ‚Im Namen des Führers und Obersten Befehlhabers der Wehrmacht ist dem Obergefreiten Jacob Astner am 20. 8. 1942 die Medaille Winterschlacht im Osten 1941/42 (Ostmedaille) verliehen worden. (Stempel) Jäger-Regiment 207. Für die Richtigkeit: Axel, Oberstleutnant und Regiments-Kommandeur.‘

Jakob spürte starkes Heimweh. Dieses quälte ihn eine Zeitlang derart, daß er meinte, es nicht mehr aushalten zu können. So schrieb er an seine Schwester Petronilla, die 1933 den Schuhmachermeister Ludwig Lerch in Unterflintsbach geheiratet hatte, einen Brief folgenden Inhalts:

„Ostfront bei Maikop, im August 1942. Liebe Schwester Petronilla! Ich habe so großes Heimweh, daß ich Dir schreiben muß, um wenigstens eine kleine Verbindung zur Heimat aufrechtzuerhalten. Du bist zwei jahre älter als ich, und wir sind gemeinsam aufgewachsen und dabei zusammengewachsen. In diesem Brief darf ich etwas mehr schreiben. Wenn etwas Gutes darin steht, geht der Brief ungehindert durch die Zensur; wenn aber etwas Schlechtes darin steht, wird er eingezogen und kommt gar nicht auf den Postweg. Mir geht es gut. Ich bin auch mit meiner Einheit sehr zufrieden. Sind alle lauter ordentliche Männer. Wenn wir in Ortschaften ankommen, eilen die Frauen uns mit Brot und Salz entgegen, umarmen uns und heißen uns in ihrer Sprache herzlichst willkommen. Kein deutscher Soldat darf einem russischen Mädchen oder einer Frau Gewalt antun, sonst wird er standrechtlich erschossen. Durch diese harte Disziplin herrscht bei den Fronttruppen eine eiserne Zucht und Ordnung. Ich finde es auch für gut. So gibt es keine Willkür und Ungerechtigkeiten gegenüber den Bewohnern besetzter Gebiete. Die Ukrainer sind sehr nett und sehen in uns die Befreier. Das versteht man erst, wenn man weiß, daß sie unter der Tyrannei Stalins Millionen von Toten in den dreißiger Jahren zu beklagen hatten. Mir geht es gut. Bin stark und kräftig und halte die Strapazen aus. Erbarmen tun mir die jungen Burschen, oft sind's noch Schulbuben, die jeweils von der Heimat ankommen, um unser von Gefallenen und Verwundeten geschwächtes Jägerregiment aufzufüllen. Ich bete viel, daß ich wieder meine geliebte Heimat im Inntal sehe. Bleib Du mit einer Familie gesund! Behüt Euch Gott! Dein und Euer Jakob."

Im Herbst desselben Jahres erreichte Jakobs Jägerregiment, das zur Heeresgruppa A gehörte, den Westkaukasus und drang weiter bis zum Hochkaukasus vor. Diese Heeresgruppe stand unter dem Befehl des Generalfeldmarschalls List und umfaßte die 17. Armee, die 1. Panzerarmee und die rumänische 3. Armee. Neben den Ölfeldern von Maikop wurden auch die von Pjatigorsk eingenommen. Einige Tage später eroberten sie die Stadt Elista in der Kalmückensteppe. Diese endlosen, unfruchtbaren und unüberschaubaren Weiten vermittelten den Landsern den Eindruck, daß sie hier schutzlos und plötzlichen Angriffen ausgesetzt seien.

Als am 21. August auf dem Elbrus, dem höchsten Berg des Kaukasus, die deutsche Flagge gehißt wurde, sagte sich Jakob: „Den höchsten Berg haben wir besetzt, aber wie lange? und wozu?"

Er konnte beim besten Willen nicht einsehen, warum Deutschland den Krieg gegen die Sowjetunion begonnen hat und wozu dies alles geschah. Ihm taten alle Männer jungen und mittleren Alters leid, die unschuldig ihr Leben verloren. „Das hat doch keinen Sinn, Männer in eine Lage zu schicken, wo sie töten müssen, entweder um sich selbst zu verteidigen oder um andere anzugreifen. Es ist schon ein böses Schicksal der Menschheit, daß sie die Lehre Jesu von Liebe und Frieden, von Versöhnung und Verzeihung noch nicht angenommen hat!" Solche und ähnliche Gedanken regten sich in seinem Gehirn und ließen ihn nicht mehr los. „Es wäre schon viel oder gar alles gewonnen, wenn die Machthaber in der Welt wenigstens aus dieser Katastrophe lernen würden! Aber wer weiß, führen sie auch in Zukunft so unmenschliche Kriege, vielleicht unter dem Deckmantel der Rettung der Menschlichkeit?"

Nach dem Einbruch der Nacht äußerte Jakob seine Gedanken auch vor dem Kreis seiner Kameraden, die eng im Zelt beisammensaßen und sich mit heißem Tee wärmten.

Am Morgen rief sie die Pflicht, ihre Stellungen, die tief in den Schnee eingegraben waren, gegen den Ansturm der Russen zu verteidigen.

Herbst/Winter 1942 begann die Luftwaffe Englands, deutsche Städte zu bombardieren. An allen Fronten wurde der Angriff auf Zivilisten als Barbarei gebrandmarkt und zur Stärkung des Feindbildes hergenommen. Es hieß:

„Deutsche Soldaten! Der Feind England hat am 30. November 1942 die Stadt Köln aus der Luft großflächig angegriffen und ungezählte Zivilisten, unschuldige Frauen und Mütter, Jugendliche und Kleinkinder sowie wehrlose Greise im Feuer der Brandbomben getötet. Unbewaffnete Zivilisten zu töten ist ein Kriegsverbrechen ohnegleichen. Unser Kampf geht Mann gegen Mann, Waffe gegen Waffe, nicht gegen Mütter mit Kindern, nicht gegen alte Leute, die sich einen Lebensabend in Glück und Frieden wünschen und ihn auch verdient haben. Der Premier Churchill und der Chef der englischen Luftflotte Harris schrecken vor nichts zurück, nicht einmal vor einem Massenmord an Zivilisten. Deutsche Soldaten, zeigt eure Ehre! Wehrt euch! Schützt die Heimat! Deutsche Soldaten, schützt eure Frauen und Kinder, kämpft für Führer, Reich und Vaterland!"

Zur Jahreswende 1942/43 wurde der Druck der Roten Armee auf die Kaukasusfront stärker. Zwar wurden die Kalmückensteppe zwischen dem Kaukasusgebirge und dem Kaspischen Meer noch durchschritten und südlich von Mosdok ein Brückenkopf über den Fluß Terek geschlagen, doch kam hinterher die Heeresgruppe A zum Stehen. Das Ziel, die Ölfelder um Baku und die Grenzen zu Iran zu erreichen, war fehlgeschlagen.

Die Nachricht, daß nördlich die Wolga aufwärts in und um Stalingrad die 6. Armee, Teile der 4. Panzerarmee und rumänische Verbände mit zusammen 284.000 Mann eingeschlossen waren und am 3. Februar 1943 kapituliert hatten, schlug wie eine Bombe ein. Nun war diese linke Flanke offen und ohne Schutz gegenüber der vordringenden Roten Armee. Daß rund 150.000 Soldaten im Sperrfeuer der Stalinorgeln sowie durch Erfrieren und Verhungern elend zugrunde gingen und erbarmungslos verendeten, wurde geheimgehalten.

Jakob spürte, wie ein Hauch von Mutlosigkeit seine Kameraden erfaßte und sich von Mann zu Mann ausbreitete. Bis jetzt hatte sie die Hochstimmung des Siegens immer vorangetragen, nun trieb die

Wurzel der Niedergeschlagenheit ihre Keime aus dem Boden. Die Last der Ungewißheit, das Gefühl der Fremde und Heimatferne und die Angst vor dem Erschießen und Erschossenwerden trieb einen Kameraden so in die Enge, daß er sich mit einem Pistolenschuß das Leben nahm. Der Kompaniechef sandte der Gattin einen Brief, in dem er den Heldentod ihres Ehemannes pries und ihr tröstend versicherte, er sei allezeit ein vorbildlicher Kamerad und die Perle eines Soldaten gewesen.

Während der blutigen Ereignisse in Stalingrad vom November 1942 bis zum Februar 1943 wurde, wie oben gesagt, der Vormarsch der deutschen Truppen gestoppt. Aus dem Stillstand entstand bald ein Rückzug. Bis zum Januar wurde der Hoch- und Westkaukasus noch erfolgreich verteidigt. Aber sofort nach dem Fall Stalingrads waren die Einheiten gezwungen, sich aus dem Kaukasus auf den unteren Kuban abzusetzen. Im März fanden Abwehrgefechte im Kuban-Brückenkopf statt, die sich April bis September zu einer verlustreichen Abwehrschlacht gegen die vordringende Rote Armee entwickelten. Am Ende dieses Schlachtens mußte die Heeresgruppe Süd den Brückenkopf räumen und nach Westen absetzen. Oktober und November 1943 verlor das Jägerregiment 207, die Einheit Jakob Astners, während der Abwehrschlacht in der Nogaischen Steppe bei Kuma-Terek die Hälfte seiner Soldaten. Die noch übriggeblieben waren, wurde in den nachfolgenden Abwehrkämpfen am unteren Dnjepr aufgerieben. Wenige, darunter Jakob, konnten durch endlose Fußmärsche sich noch zum Hauptkontingent retten.

„Was haben wir davon gehabt", fragte er sich und andere, „daß wir von Juni 1941 bis Februar 1943 nach Rußland eingefallen und Tausende von Kilometern vorgedrungen sind, jetzt aber unter jammer- wie leidvollen Rückzugsgefechten und blutigen Abwehrschlachten denselben Weg wieder zurück nach Deutschland gehen müssen? Was haben wir davon gehabt? Ein Krampf war's, ein Unsinn, ein Verbrechen!"

Jakob hatte sich in seine Wut über den Krieg so hineingesteigert, daß sein Kopf rot anlief. Er machte mit dem Gesicht wilde Gebärden und fuchtelte mit den Händen Zeichen der Abneigung und der Abscheu gegenüber dem Obersten Befehlshaber der Wehrmacht, der den Krieg gegen Rußland eigentlich ohne Grund und Anlaß vom Zaun gebrochen hatte.

Dezember 1943 war das Jägerregiment mit neuen Kräften, oft blutjungen Burschen, auf den Sollstand gebracht worden. Jakob fiel auf, daß, je länger sich der Krieg hinzog, die einberufenen Burschen desto jünger waren. Ihre Ausbildung zum Angriff oder zur Verteidigung wurde verkürzt, weil sie an der Front gebraucht wurden, und auf Grund dieser geringeren, zugleich mangelhafteren Ausbildung wurden sie die ersten Opfer im Ernstfall.

Kaum war die Kampfstärke des Jägerregiments wieder hergestellt, wurde es in die erste und zweite Abwehrschlacht im Brückenkopf Nikopol geworfen. Nikopol und Kriwoj Rog waren wegen ihrer Mangan- und Eisenerzgruben für die Rüstungsindustrie sehr wichtig und mußten so lange wie möglich verteidigt werden, konnten aber gegen die Übermacht der Roten Armee nicht gehalten werden.

Hier hatte die 97. Jägerdivision, zu der Jägerregiment 207 gehörte, die Hauptlast zu tragen und dementsprechend hohe Verluste.

Der Rückzug erfolgte oft Hals über Kopf. Während beim Vormarsch nur geringe Verluste zu verzeichnen waren, erforderte der Rückzug einen vielfach höheren Blutzoll. Dies ist in der Natur der Sache begründet. Art und Weise, Umfang und Wucht des Vormarsches bestimmt der Angreifer, während der Rückzug oft unter Not und Zwang, bei Verlust der Fahrzeuge, Geschütze und Kanonen sowie unter unzähligen Gefallenen und Gefangenen vor sich geht.

Jakob war von Natur aus kräftig und robust, immun gegen alltägliche Krankheiten wie Grippe, und er konnte Strapazen ertragen und wieder wegstecken. Auf der Flucht vor der vorrückenden Roten Armee mußte Jakobs Regiment Tage und Nächte marschieren. Sank ein Jäger ohnmächtig und entkräftet von der Straße in den Graben, ließen ihn seine Kameraden nicht liegen, sondern legten ihn auf ein Fahrzeug, das sie noch hatten, und nahmen ihn mit zurück. Sie wußten nur zu genau, daß ihn, wenn er liegengeblieben wäre, die nachrückenden Rotarmisten mit dem Gewehrkolben totgeschlagen hätten, aus Wut darüber, was die Deutschen ihnen angetan hätten.

Sie kannten auch die Losung des sowjetischen Einpeitschers Ilja Ehrenburg: „Tötet das deutsche Schwein!" Mit dem „deutschen Schwein" waren die deutschen Mütter gemeint.

Andere Einheiten, die schon früher den Rückzug angetreten hatten, erlitten herbe Verluste durch die Partisanen, die aus den undurchdringlichen Wäldern heraus operierten. Zahllose Leichen von erschossenen Soldaten lagen am Straßenrand. Oft blieb den überlebenden Kameraden nicht mehr die Zeit, sie zu beerdigen. War noch Benzin vorhanden, goß man es über die Leichen und verbrannte sie. Niemand kümmerte sich um ihr Personalkennzeichen, das aus Aluminium war, Namen, Geburtstag und Einheit enthielt. Solche Soldaten wurden dann als vermißt in die Heimat gemeldet.

Die Eile, mit welcher der Rückzug vor sich ging, zeigen die Verluste der Gebiete und Städte in der ersten Hälfte es Jahres 1944: Nikopol (8. Februar), Kriwoj Rog (22. Februar), Uman (4. März), Winniza (20. März). In dieser Zeit rückten die Sowjets über den Bug, Dnjestr, über die Pruth und den oberen Sereth vor.

Unseren Soldaten Jakob Astner ereilte das unausweichliche Schicksal am 13. März 1944. Seine Einheit geriet in einen Hinterhalt. Pausenloses Trommelfeuer zermürbte die Soldaten, der Großteil blieb zu Tode verwundet liegen. Jakob erhielt einen Granatsplitter am rechten Oberschenkel und Oberarm. 21 Tage lang schleppten ihn seine Kameraden Hunderte von Kilometern auf einem Wägelchen bis Warschau zurück. Während des ganzen Rücktransports war keine ärztliche Versorgung möglich. In Warschau wurden ihm der rechte Arm und der rechte Fuß amputiert. Diese Körperteile waren von Brand befallen, stellenweise verfault, abgestorben und in Verwesung übergegangen. Seine drei Brüder Hans, Georg und Josef hatten noch die Erlaubnis erhalten, ihn zu besuchen. Sie reisten mit der Eisenbahn aus der Heimat an. Mit im Gepäck hatten sie einen Brief, den ihnen ihre Schwester Katharina Mayer, eine geborene Bauernschmiedtochter, welche 1927 zum Hinterleitnerhof geheiratet hatte, für Jakob mitgegeben hatte. Sie teilte ihm mit, daß von den Astners auf dem Samerberg der Schmied Paul März 1942 in Rußland und nun der Achenthaler Andreas vor ein paar Wochen in Bessarabien gefallen sei. Weiter versicherte sie ihm, daß sie für ihn bete, daß er wieder genesen und gesund in die Heimat zukehren möge.

Jakob war innerlich angerührt und ergriffen, als er die Worte der Hinterleitnerin gelesen hatte. Tränen quollen ihm aus den Augen. Und als einer seiner Kameraden fragte, welches Leid ihn drücke, antwortete er, daß er eben einen Brief von seiner Schwester erhalten habe, in dem sie ihm mitteile, daß schon zwei Astners im Kriege geblieben seien.

Jakob fügte hinzu: „Mich drückt die Angst, daß ich der dritte Astner sein werde, der sein Leben für den unsinnigen Krieg lassen muss. Ein ungutes Gefühl belastet mich schon lange. Mir geht es vor. Nur habe ich bisher nichts gesagt."

Am 16. Mai 1944, einen Tag nach der Abreise seiner drei Brüder, starb Jakob im Reservelazarett VI in Warschau an Wundbrand. Er wurde dort begraben.

Oberleutnant Tiefenbacher, Kompaniechef der Dienststelle Feldpost Nr. 12327 F, schickte dem Bruder Johann Astner, Ulreicherbauer in Fischbach am Inn, die persönlichen Habseligkeiten Jakobs: die Ostmedaille samt Besitzzeugnis und das Soldbuch. Aus diesem stammen diese Angaben über Jakobs Einsätze.

Noch im gleichen Jahr 1944 traf im Herbst die Nachricht ein, daß Peter Astner von Hafnach, ein Bruder des Jakob Astner, seit dem 18. Oktober in Jugoslawien südlich von Belgrad vermißt sei. Die näheren Umstände wurden nicht mitgeteilt. So blieb den Hinterbliebenen unklar, ob seine Einheit in den Hinterhalt von Partisanen geraten und aufgerieben worden sei oder ob er und seine Kameraden gar in einen Bergstollen getrieben und dort lebendig eingemauert seien. Wiederholt brachten Landser die Nachricht heim, daß dort gefangene Kriegsgegner von den Partisanen lebendig eingegraben worden seien. Ein bestialisches, göttlichem und menschlichem Recht widersprechendes Verhalten!

Nach dieser Nachricht herrschte beim Bauernschmied, beim Ulreicher, in Hafnach, Hinterleiten, Fischbach und im ganzen Inntal tiefe Bestürzung, weil innerhalb von fünf Monaten zwei Brüder aus der Familie gefallen bzw. vermißt waren. Der Schrecken des Krieges und der hohe Blutzoll junger, unschuldiger Männer verstärkten die Abscheu vor diesem menschenverachtenden Verbrechen.

Katharina Mayer, die vorhin genannte Hinterleitnerin, war wegen des Verlustes, daß zwei Brüder innerhalb kurzer Zeit im Felde geblieben sind, über alle Maßen bestürzt und geschockt. Sie konnte den Schmerz nicht mehr allein tragen, sie mußte ihn gleichsam sich von der Seele reden oder schreiben und anderen mitteilen. So schrieb sie ihrer Base Susanna Astner, der Mutter des Soldaten Johann Astner, einen schwarz umrandeten Brief. Auf dessen Umschlag schrieb sie hinter den Absender „Mit Tränen". Susanna ahnte nichts Gutes. Hastig öffnete sie den Brief. Sie riß ihn förmlich mit dem Zeigefinger auf, um den Inhalt gleich zu lesen. Hier las sie die Worte, welche die Hinterleitnerin mehr mit Tränen als mit Tinte geschrieben hatte, daß ihr Bruder Jakob Astner im Mai 1944 im Norden Rußlands gefallen und ihr Bruder Peter Astner im Oktober 1944 südlich von Belgrad verschollen sei. Vermißt zu sein, das wußte man, hieß so viel wie: daß einer von Granatsplittern zerfetzt irgendwo im Dreck verendet oder verblutet war, oder daß einer in den Hinterhalt von Partisanen geraten und von diesen abgeschlachtet oder massakriert worden war.

Die Schmiedmutter ängstigte sich von da an noch mehr um ihren Sohn Johann, zumal ja seit Ostern 1944 keine Post mehr von ihm gekommen war.

Zur Erinnerung im Gebete
an
Jakob Astner
Obergefr. in einem Geb.-Jäger-Regt.
Inhaber des Kriegsverdienstkreuzes,
des Inf.-Sturm-Abz., Ostmedaille und
des Verwundeten-Abzeichens
welcher im Alter von 38 Jahren,
am 16. Mai 1944, nach 4½-jähriger, treuer Pflichterfüllung und
nach schwerer Verwundung im
Osten den Heldentod starb.

Ist mein Grab auch fern in Feindesland, / Meine Seele ruht in Gottes
Vaterhand. / Für die Heimat kämpft
und starb ich hier, / Heimat, nie vergiß es mir! / Allzu früh bin ich von
Euch geschieden, / Gott schenk mir
und Euch den ewigen Frieden!

0401

Jakob Astner   Peter Astner
gest. 16. 05. 1944 in Warschau   verm. 18. 10. 1944 südl. v. Belgrad

55

Je näher das Ende des verhaßten Krieges kam, desto härter wurden die Rekrutierungen im Reich vorgenommen. Nun wurden auch Männer herangezogen, die bis dahin als unabkömmlich zu Hause galten. Die Appelle der Hitlerjugend wurden brutaler durchgezogen und ganz auf die vormilitärische Tauglichkeit ausgerichtet. Einmal mußten sie vor der Schule in Roßholzen antreten. Der SS-Mann in seiner schwarzen Uniform, am Kragenumschlag den Totenkopf, ließ sie im Gehölz oberhalb Haus die Ziffer hinaufrobben und geländemäßige Gefechtsübungen machen. Wenn einer der Jugendlichen, die noch die Schule besuchten, sich tollpatschig anstellte, brüllte er ihn an:

„Befehl ausführen! Wer nicht gehorcht, wer nicht folgt, der wird zum Bau von Panzergräben an die rückwärtige Front geschickt. Da kann er schaufeln und schwitzen. Habt ihr verstanden!"

Hans Astner, Einsatz und Gefangenschaft

Hans Astner stand zu dieser Zeit irgendwo an der Ostfront. Da sein Soldbuch bei der Gefangennahme abgenommen worden ist, kann der Verlauf seiner militärischen Einsätze nicht mehr nachgezeichnet werden. Das wenige, das wir von ihm wissen, stammt aus seinen Briefen von der Front in die Heimat und aus den Aussagen, die er in den wenigen Wochen zwischen seiner Heimkehr aus der russischen Gefangenschaft und seinem Tod gemacht hat.

Seit Anfang November 1943 hatten die Angehörigen von Hans keine Nachricht mehr erhalten. Umso freudiger überraschte sie der Brief von Ostern 1944.
Darin schrieb er seiner Mutter:
„Ostfront, Ostern 1944. Liebe Mama, lieber Papa, liebe Geschwister! Der Krieg ist etwas Furchtbares, Grausames, Schreckliches! Überall, wohin wir marschieren, liegen Gefallene herum, Deutsche und Russen. Die eigene Einheit hat oft gar nicht mehr Zeit, die Toten zu beerdigen. So bleiben sie liegen. Oft werden sie einfach in den Schützengraben, den man aufgeben muß, hineingeworfen, und ein paar Schaufeln Erde darüber. Das war's dann. Jeden Kameraden erschüttert es bis ins Mark, wenn er sieht, wie wenig der Mensch wert ist, wenn er spürt, daß der Mensch keine Würde mehr hat. Täglich

erleben wir, daß die Verse Schillers ‚Das ist der Fluch der bösen Tat, daß sie fortzeugend Böses muß gebären‘ nur allzu wahr sind. Die Soldaten meiner Kompanie sind prächtige Kerle. Keiner vergreift sich an russichen Dirndln oder Frauen! Keiner nimmt etwas mit Gewalt an sich! Keiner versucht, sich auf Kosten anderer Vorteile zu verschaffen. So haben wir‚s in der Predigt von Pfarrer Dürnegger auch gehört. Das erleichtert mir den Dienst in meiner Einheit. Viele murren über den sinnlosen Krieg. Recht haben sie! Aber keiner getraut sich, etwas offen zu sagen, weil er fürchten muß, sofort in eine Strafkompanie versetzt zu werden, die am nächsten Tag ins Gefechtsfeuer geworfen wird, wo ihn der sichere Heldentod erwartet. Nun zu mir selber: Bin gesund und wohlauf und hab‘ die Strapazen bisher gut durchgestanden. Das Rauchen hab‘ ich mir abgewöhnt. Es schadet nur. Und selbst wenn man eine stauben wollte, gibt es kein Rauchzeug. Im Krieg kann man auch viel Gutes tun: einen Kameraden zurückhalten, wenn er einem Bewohner oder einer Bewohnerin in einer besetzten Ortschaft Unrecht oder Zwang antun will; einem Kameraden, der erschöpft und kraftlos zusammensinkt, seine Marschausrüstung, Tornister, Gewehr und Spaten tragen helfen; einen Nachbarn aufmuntern, wenn bei ihm Verzweiflung zu Selbstmordabsichten führt. Man muß nur für die Not anderer einen Blick haben. Liebe Mutter, das hast Du mir mitgegeben. Oft, wenn wir in ein Gefecht verwickelt werden und die Granaten der russischen Geschütze immer näher einschlagen, bis sie sich auf uns eingeschossen haben, ist mein einziger Trost und meine einzige Hoffnung das Gebet. In dieser ausweglosen Lage spürt man die Ohnmacht des Menschen und nimmt man seine Zuflucht zu Gott, dem Ewigen und Allmächtigen. Nun bleibt recht gesund daheim in Esbaum! Bis zum Wiedersehen behüt Euch Gott!“

Von da an blieb die Post von Hans aus. Niemand wußte, ob er noch lebe oder schon gefallen sei, ob er vermißt sei oder irgendwo unerkannt in den Wäldern liege oder schon in Gefangenschaft geraten sei. Vor allem seine Mutter Susanna härmte sich um ihn. Sie vermochte das Grauen des Krieges, das Hans erlebte, mitzufühlen.

Getarnte Rotarmisten hatten die Kompanie von Hans beim Rückzug von den Flanken her überfallen, vom Bataillon abgeschnitten und völlig aufgerieben. Wer lebend gefangen genommen wurde, hatte Glück im Unglück.

Die deutschen Gefangenen wurden in Rotten zusammengefaßt, zur nächstliegenden Stadt verfrachtet, in Viehwaggons der russischen Eisenbahn gepfercht und ins unbekannte Sibirien transportiert. Niemand wußte, wohin.

Jeweils nach drei bis vier Tagen erhielten sie an Haltestellen Verpflegungen und konnten die Notdurft verrichten. Unbeschreibliche, menschenunwürdige Szenen spielten sich während der Fahrt in den Waggons ab. Kranke mit schmerzverzerrten Gesichtern, dem Wahnsinn nahe, ächzten und stöhnten. Einer schrie aus der hintersten Ecke. „Krieg, du Schweinehund, du Sohn des Satans, du hast mich zugrunde gerichtet!" Tote blieben tagelang zwischen den Kameraden liegen. Viele konnten die Notdurft nicht mehr halten und ließen ihr freien Lauf. Kot und Dreck war ihr Lager zum Schlafen.

Dort in Sibirien arbeitete Hans in einer Dorfschmiede. Die Arbeit war im Grunde dieselbe wie daheim, nur etwas einfacherer Art. Er mußte landwirtschaftliche Geräte, bei denen Teile gebrochen waren, wieder instandsetzen, Pferde beschlagen, manchmal auch Beschläge für Türen und Fenster schmieden. Die Arbeit in der Schmiede umfaßte die ganze Palette der Bedürfnisse in Haus und Hof.

Das Gebiet um die Ortschaft war kultiviert und der Landwirtschaft nutzbar gemacht worden. Die Ernte brachte aber dürftige Erträgnisse ein, weil die längere Zeit des Jahres kalt und dem Wachstum des Grases und Getreides abträglich war. Die Dürftigkeit der Landschaft, des Wachstums auf den Feldern und Wiesen, der Ernte und der Speise bildeten eine geschlossene Einheit. So lernte er bald die Wirklichkeit des russischen Sprichwortes „Schtschi y Kascha / Pischtscha nascha" [Kohlsuppe und Grütze / (sind) unsere Speise] kennen.

Nach Hause schreiben durfte er nicht. Er hatte das Gefühl, als wollten die Russen überhaupt verbergen, wo ein Kriegsgefangener arbeite. Hans hatte bei der Schmiedfamilie, bei der er arbeitete, aß und schlief, Anschluß gefunden und mußte sich eingestehen, daß die Russen nicht so unmenschlich seien, wie sie von der Nazi-Propaganda gebrandmarkt worden waren. Im Gegenteil erlebte er am eigenen Körper, daß sie ein rechtsgläubiges und rechtschaffenes Volk seien, das die Gebote Gottes noch ernst nimmt. Ihre tiefe Gläubigkeit prägte auch ihr Handeln. Sie hatten selber nicht viel, aber sie gaben, wenn einer in Not war, ihr Letztes.

Da Hans kein Wort Russisch verstand, mußte er sich mit Gesten und Bewegungen der Hände verständigen. Schnell verstand er, daß rabotatj arbeiten und dobró gut heißt. Chljeb (Brot) und Wadá (Wasser), Djen (Tag) und Notschj (Nacht) waren ihm gleich geläufige Ausdrücke. Je mehr er sich mit ihnen verständigen konnte, desto beliebter wurde er ihnen. Also lernte und büffelte er Russisch.

Hans wußte nicht, wohin die Sowjets ihn verfrachtet und wo sie ihn abgeladen hatten. Eine Landkarte besaß er nicht. Im Dorf gab es auch keine. So fehlte ihm jede Geländekenntnis und Orientierung. Er wurde weder bewacht noch in seiner Bewegung eingeschränkt. Entrinnen hätte er sowieso nicht können, da er nicht wußte, wohin. Zudem war keine Stadt in Reichweite. Endlose Steppen und Wälder prägten die Landschaft der Taiga. Männer, die in die Wälder gingen, Holz zu arbeiten, trugen stets Waffen bei sich, um sich gegen die herumstreifenden Rudel hungernder Wölfe verteidigen zu können. Manchmal geschah es doch, daß sie in solcher Vielzahl einen einzelnen Menschen angriffen, daß er nicht die ganze Meute erschießen konnte und die restlichen dann in ihrem Blutrausch ihn trotz seiner Schußwaffe zerfleischten.

Im weiten Umkreis war kein deutscher Kriegsgefangener. So hatte Hans niemand, mit dem er die gewohnte Muttersprache austauschen hätte können. Er wußte auch nicht, was an der Front los sei, ob der Krieg noch fortdauere oder schon zu Ende sei und wie es in der Heimat zugehe. Diese Einsamkeit zermürbte ihn, und er begann zu kränkeln.

Die vernichtende Niederlage bei Stalingrad am 2. Februar 1943, die Kapitulation in Nordafrika am 13. Mai 1943 und die Landung der Alliierten zwischen Cherbourg und Le Havre in der Normandie im Norden Frankreichs am 6. Juni 1944 waren sichtbare Zeichen der besiegelten Niederlage des Dritten Reiches.

Die Luftangriffe der Alliierten auf die deutsche Rüstungsindustrie begannen März 1942. Als in der Folgezeit auch zivile Teile der Städte mit Teppichen von Brand-, Spreng- und Splitterbomben zugedeckt wurden und dabei unzählige Frauen und Männer, Junge und Alte, Mütter und Kinder schreiend verbrannten, erstickten oder zerfetzt wurden, verbreitete die Propaganda den Eindruck, es sei gar kein Krieg Soldat gegen Soldat mehr, sondern den Engländern und Amerikanern gehe es darum, das gesamte deutsche Volk zu vernichten. Jeder einzelne sei betroffen.

Tatsächlich wurde nun nicht mehr das Ruhrgebiet allein Opfer dieser Terrorangriffe, wie sie beim Volk hießen, sondern die Vernichtung reiner Wohngebiete wurde auf andere Städte ausgedehnt. Juli/August 1943 versanken die Wohnviertel Hamburgs in Schutt und Asche, August die der Städte Wiener Neustadt und Berlin. In der Folgezeit wurden alle Groß- und Mittelstädte dem Erdboden gleichgemacht. München ähnelte einer Geisterstadt. Selbst Rosenheim blieb nicht verschont. Den traurigen Höhepunkt dieser Vernichtung ziviler Wohngebiete erreichte in der Nacht vom 13. auf den 14. Februar 1945 die Bombardierung Dresdens. Die Stadt war vollgestopft mit Flüchtlingen aus Schlesien. Sie alle, keiner wird jemals die Zahl wissen, kamen im Feuer der Brandbomben um und erstickten im Sog der lodernden Flammen. Das Volk bezeichnete den englischen Premierminister Churchill und seinen Bomberchef Harris als Massenmörder. Es war schockiert und apathisch zugleich, unfähig zu einer Hoffnung auf eine bessere Zukunft.

Diese Greuel wußten die Deutschen. Dazu bedurfte es keiner Propaganda mehr. Die Ausgebombten und Evakuierten verbreiteten ihre Erlebnisse im ganzen Land. Was aber an Greuel durch Deutsche geschah, wußte das Volk nicht. Darüber schwieg die Propagandamaschine.

So mancher Bekannte wurde für einige Zeit ins Konzentrationslager Dachau geschickt. Allgemeine Meinung besagte, dort seien in der Mehrheit asoziale und kriminelle Typen, auch Volksschädlinge genannt. Nach seiner Entlassung daraus sprach kein ehemaliger Insasse ein Sterbenswörtchen darüber, wie es ihm ergangen sei. Er schwieg wie das Grab. Aus diesem Grunde erfuhren die Einheimischen nicht, was dort für Leute überhaupt waren.

Daß es die Vernichtungslager Auschwitz und Birkenau gab, in denen vor allem Juden in einem unmenschlichen Pogrom vergast wurden, erfuhr die Bevölkerung erst nach der Befreiung durch die sowjetischen Truppen am 26. Januar 1945. Alle fragten sich damals,

warum die Engländer und Amerikaner, welche durch ihre Spionage-
tätigkeit alles wußten, die Zufahrtswege nach Auschwitz-Birkenau
nicht bombardiert und dem wahnsinnigen Treiben der Nazis dort
kein Ende gesetzt hatten, während sie deutsche zivile Wohngebiete
erbarmungslos vernichteten. Viele vertraten unverhohlen die Meinung, daß sowohl die Amis wie die Tommys Ausschwitz und die
anderen Konzentrationslager billigend in Kauf genommen hätten,
um für ihre Propaganda gegen die Deutschen Stoff zu haben. Möge
Gott Derartiges für alle Zeiten verhindern!

Die Astnersöhne von Achenthal

Die verehrten Leserinnen und Leser mögen es gestatten, weitere erschütternde Soldatenschicksale der näheren Verwandtschaft des Soldaten Johann Astner vorzulegen.

Über Andreas Astner, geb. 2. April 1925 in Achenthal, Gemeinde Stainkirchen, Grenadier im Pionierzug des Grenadierregiments 21, ist im Pfarrmatrikel der Pfarrei Törwang vermerkt:

„Grenadier Andreas Astner, gestorben 20. April 1944, beerdigt 20. April 1944 auf dem Ehrenfriedhof in Budesti (Bessarabien).

Am 18. April 1944 in einem harten Gefecht mit bolschewistischen Panzern in der Gegend von Delachen gegenüber Grigoriopol (zwischen Odessa und Kischinew am Fluß Dnjestr, sehr nahe bei Kischinew), erhielt er einen Bauschschuß, wurde noch während des Gefechtes geborgen, durch den Truppenarzt zum Hauptverbandsplatz in Budesti 10 km ostwärts Rischinow gebracht und ist dort den schweren Verletzungen erlegen 20. April 1944. gez. Kaplan Vordermayr."

Bild vom Heldengrab
des Andreas Astner

62

Anton Astner, geboren am 21. August 1923 in Achenthal, ein Bruder des vorhin genannten Andreas Astner, galt an der Ostfront als vermißt. Deren Bruder Alois, der zu Beginn des Krieges fünf Jahre alt war, bat später den Suchdienst des Deutschen Roten Kreuzes, Erkundigungen über den Verbleib von Anton Astner anzustellen.

Die Antwort des Deutschen Roten Kreuzes zeigt in ergreifender Weise das schreckliche Schicksal des Soldaten an der Front. Die Nachforschungen über den vermißten Soldaten Anton Astner, Achenthal führen in nüchterner Sprache das traurige Schicksal eines Soldaten vor Augen, das viele Millionen unschuldiger Soldaten auf beiden Seiten der Fronten erlitten haben.

„Astner Anton
geb. 25.08.1923 in Achenthal, Gemeinde Stainkirchen
gef. Juni 1944 bei Witebsk, Sowjetunion
    Am 22. Juni 1944 begann die Rote Armee ihre große Sommeroffensive im Bereich der Heeresgruppe Mitte zunächst mit Schwerpunkt beiderseits von Witebsk. Der nächste Tag brachte die Ausweitung der Offensive auf den Abschnitt der deutschen 4. Armee, wo den sowjetischen Panzerkräften ostwärts von Orscha und bei Mogilew tiefe Einbrüche gelangen. Durch eine breite Lücke in der deutschen Front stießen ihre schnellen Verbände rasch nach Westen vor.
    Zu Beginn der Offensive war die Masse der 57. Infanterie-Division im Frontbogen zwischen Bobruisl und Staryj Bychow beiderseits der Drut eingesetzt, als die deutsche Front unter den Angriffen mehrerer sowjetischer Armeen zerbrach. Wie alle anderen deutschen Verbände versuchten ihre Regimenter, sich durch ein ausgedehntes Wald- und Sumpfgebiet in Richtung Beresino auf die Beresina abzusetzen. Dabei kam es auf den wenigen Straßen, die nach Westen führten, zu Truppenkonzentrationen, die ständigen Luftangriffen ausgesetzt waren, so daß hohe Verluste entstanden. Außerdem überfielen starke Partisanenverbände immer wieder die in Kampfgruppen aufgelösten Teile der deutschen Divisionen. Beim Übergang über die Beresina am 1. Juli kam es erneut zu heftigen und verlustreichen Kämpfen. Der Versuch, nach Minsk zu gelangen, mißlang. Die Gruppen wurden etwa 40 Kilometer ostwärts der

Stadt im Raum Wolma eingeschlossen und völlig zersprengt. Nur Einzelnen gelang es, sich aus der Umklammerung zu befreien und bis zum 7. Juli die rückwärtigen deutschen Linien zu erreichen.

Das Grenadier-Regiment 199 war schon vor Angriffsbeginn nach Norden verlegt worden, wurde der 260. Infanterie-Division unterstellt und bezog bei Gorki Stellungen. Anfangs von sowjetischen Angriffen verschont, mußte es, nachdem der Gegner im Norden und Süden durchgebrochen war, am 25. Juni den Rückzug antreten. Bei dem Versuch, über die Drut zu gelangen, wurde das Regiment eingeschlossen. Unter großen Opfern konnte schließlich der Durchbruch erzwungen werden. Weitere Verluste entstanden beim Passieren der Beresina. Nur wenige Soldaten erreichten die Auffanglinien.

Seit diesen Rückzugskämpfen werden viele Soldaten der 57. Infanterie-Division vermißt. Für einige von ihnen liegt bereits die Aussage eines Heimkehrers vor, daß sie gefallen sind. Während der Kämpfe aber haben viele Soldaten den Tod gefunden, ohne daß es von Kameraden bemerkt wurde. Verwundete konnten vor dem ständig nachdrängenden Gegner oft nicht geboren werden.

Es gibt keinen Hinweis dafür, daß der Verschollene (Astner Anton) in Gefangenschaft geriet oder in einem Lager gesehen wurde. Alle diese Feststellungen zwingen zu der Schlußfolgerung, daß er bei diesen Kämpfen gefallen ist."

Der Suchdienst des Deutschen Roten Kreuzes in der Bundesrepublik Deutschland mit Sitz in München 43, Infanteriestraße 7 a versicherte Herrn Alois Astner mit Schreiben vom 18.8.1972, Aktenzeichen N 4 a 11

„Im Rahmen der Nachforschungen wurden alle zugegangenen Angaben und Informationen über das Schicksal des Angehörigen überprüft. Den Kampfhandlungen, bei denen der Angehörige und weitere Soldaten der gleichen militärischen Einheit vermißt wurdern, wurde genau nachgegangen. Am Ende des Schreibens steht der Schluß, daß „Ihr Angehöriger (Astner Anton) zu den Opfern des 2. Weltkrieges gezählt werden muß." Und sie hoffen, daß durch die Bekanntgabe die Angehörigen „von jahrelanger ertragener Ungewissheit" befreit werden. gez. Direktor M. Heinrich."

Die vier gefallenen Söhne der Familie Gsinn, Walcher in Mitterhof

Die Familie Gsinn beim Walcher in Mitterhof hatte vier Söhne und zwei Töchter. Die zwei jüngeren Söhne, Alois und Ferdinand, verbrachten ihre Kinder- und Jugendzeit mit Johann Astner von Esbaum und den beiden Astnersöhnen Andreas und Anton von Achenthal. Sie besuchten gemeinsam die Schule in Roßholzen. Sie hatten denselben Schulweg dorthin. Ihre gemeinsamen Jugendspiele an den Gewässern und in den Wäldern und Auen des hinteren Samerbergs hatte sie zusammengeschweißt. Der Krieg riß sie auseinander.

Adolf Hitler hatte den Kampf bis zum letzten Bluttropfen und Goebbels den totalen Krieg gefordert. Die hartherzige Ideologie der Machthaber durfte nicht aufgeweicht werden. Die Walcherfamilie in Mitterhof erfuhr ein besonders hartes Los. Sie verlor alle vier Söhne auf dem Schlachtfeld.

Die Namen und nüchternen Daten lauten:

Vinzenz Gsinn,
geboren am 5. Oktober 1912 beim Walcher in Mitterhof,
gefallen am 6. Oktober 1943 in Krassnaja Dolina (Bessarabien).

Ferdinand Gsinn,
geboren am 24. Februar 1926 beim Walcher in Mitterhof,
adoptiert zum Daxer in Stainkirchen,
gefallen am 11. Juli 1944 im Westen.

Alois Gsinn,
geboren am 31. Januar 1924 beim Walcher in Mitterhof,
vermißt am 10. November 1944 bei Metz.

Wolfgang Gsinn,
geboren am 26. September 1916 beim Walcher in Mitterhof,
gefallen am 1. März 1945 in Heiligenbeil (Ostpreußen).

Als der dritte Sohn Alois als vermißt gemeldet war und die Familie bat, den vierten Sohn Wolfgang in die Heimat zu entlassen, damit wenigstens ein Sohn den Krieg überleben und die Familie im Mannesstamm fortleben dürfe, lehnten die politisch Verantwortlichen das Gesuch ab und vertraten dieselbe menschenverachtende Grundhaltung wie Hitler und Goebbels. Es gab im Dritten Reich, wie man später, als man wieder frei reden durfte, feststellte, nicht einen, sondern viele Hitler.

Vinzenz Gsinn
gef. 6. Oktober 1943

Ferdinand Gsinn
gef. 11. Juli 1944

†

Gebetsandenken
an Herrn

Wolfgang Gsinn
von Mitterhof
Stabsgefreiter in einem Pionier-Batl.

gefallen am 1. März 1945 in
Heiligenbeil (Ostpreußen) im
Alter von 29 Jahren.

Mit dir ist alles in das Grab
gegangen.
Das Glück, die Freude und
unser Sonnenschein.
In unser'n Herzen aber wirst
du leben
und ewig sollst du unverges-
sen sein!

Oberbayerisches Volksblatt

Alois Gsinn	Wolfgang Gsinn
verm. 10. November 1944	gef. 1. März 1945

„Das Schicksal der Rapplfamilie von Giebing

Besonders hart traf das Schicksal die Rapplfamilie in Giebing. Der Vater Florian Wallner war mit Kronprinz Rupprecht von Bayern, der sehr oft auf Schloß Wildenwart residierte, befreundet, diente im Ersten Weltkrieg in der 4. Kompanie des Infanterie-Regiments Kronprinz. Die Ideologie und Politik der Nationalsozialisten lehnte er ab. Er war in seiner Gemeinde eine Respektsperson, genoß großes Ansehen und war wegen seiner Geradlinigkeit und Königstreue den Nazis ein Dorn im Auge. Sie ließen ihn verhaften, führten ihn zur öffentlichen Schau durch die Straßen Priens bis zum Bahnhof, von wo aus er ins Gefängnis nach Rosenheim gebracht wurde. Einer der Polizisten, die ihn wie einen Staatsfeind eskortierten, bemerkte gegenüber der Familie, man habe ihn zur Abschreckung der Zuschauer gleichsam Spießruten laufen lassen. Unmenschliche Haftbedingungen erwarteten ihn dort. Als nach einigen Tagen seine Frau Theresia ihn im Gefängnis besuchte wollte und ein paar gekochte Eier und zwei Butterbrote mitbrachte, wurden ihr die Eier abgenommen, die Butter vom Brot gestrichen und beschlagnahmt. Das Brot wurde an den Gefangenen weitergereicht. Ihn selbst zu sehen wurde ihr verweigert. Nach Aussage des Gefängnispfarrers wurde ihm in der Haft eine Gehirnspritze verabreicht. Nach einer Haft von sieben Tagen wurde Florian Wallner als ein geistig gebrochener Mann freigelassen. Nach Jahren der geistiger Verwirrung starb er.
Den Nazis genügte es nicht, den Familienvater gebrochen zu haben; auch die übrige Familie mußte darunter leiden.

Sohn Florian, am 21. Mai 1911 geboren, wurde zur Wehrmacht eingezogen. Seit 1. bis 7. Juli 1944 galt er bei Minsk als vermißt.

Sohn Josef, am Nikolaustag 1919 geboren, fiel am 6. September 1942 im Kessel von Stalingrad.

Sohn Franz, der am 26. November 1926 geboren wurde, hatte als Bub infolge einer Kinderlähmung einen Klumpfuß, wurde trotz seiner Wehruntauglichkeit zum Kriegsdienst eingezogen und unter Zwang in die SS-Totenkopf-Division gesteckt. Es war seit dem 10. August 1944 in Rußland vermißt.

Sohn Anton wurde am 25. Juni 1928 geboren, hatte sich an der Heuschneidemaschine zwei Finger abgeschnitten und trug den Arm in der Schlinge. Ungeachtet dieser Verletzung wurde er im März

1945 als sechszehnjähriger Bub zum letzten Aufgebot „Werwolf"
eingezogen, zur Flugabwehr erst nach Haidholzen bei Stephanskir-
chen, dann nach Speyer und von dort nach Kirchheim an der
Teck in Baden-Württemberg abkommandiert. Noch in den letzten
Kriegstagen fiel er dort am 20. April 1945 im Blütenalter von 16
Jahren 10 Monaten bei der Verteidigung eines Brückenübergangs.

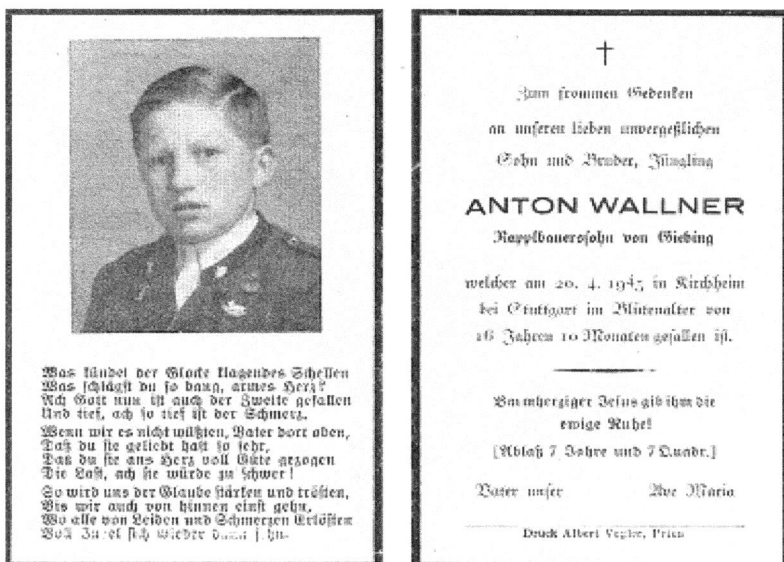

Sterbebild von Anton Wallner

So hatte die Familie Wallner beim Rappl in Giebing alle vier Söhne
verloren. Der Rachedurst der Nazis schien damit gestillt.

Wie sehr dieser sinnlose Krieg, lange nachdem er beendet war, noch
Opfer forderte, zeigt das Schicksal der Frau Theresia Wallner, der
leidgeplagten Mutter, die im Krieg alle vier Söhne verloren hatte.
Fast täglich ging sie von zu Hause hinauf zur Gefallenenkapelle, die
auf dem Scheitelpunkt der Anhöhe zwischen Giebing und Hitten-

kirchen steht und von der aus der Wanderer einen zauberhaften Blick auf den Chiemsee genießt. In dieser Kapelle sind die Namen der gefallenen und vermißten Söhne der Pfarrei in Marmor eingraphiert. Dort las die Mutter immer wieder die Namen ihrer vier Söhne, betete für sie und betete für den Frieden. In ihr inniges Gebet schloß sie alle gefallenen und vermißten Soldaten ein.

Am 28. Oktober 1970 ging die Rapplmutter wie gewohnt hinauf zur Gefallenenkapelle und betete für ihre Söhne und für alle Opfer dieses wahnsinnigen Krieges. Sie war eine innige Verehrerin der Mutter Gottes und lispelte auf ihren Lippen die Leidenssequenz „Stabat Mater" vor sich hin. Dabei dachte sie an den Schmerz Mariens unter dem Kreuz ihres geliebten Sohnes, und ebenso oft dachte sie an den Tod ihrer vier Söhne und stellte sich vor, wie sie im dreckigen Schützengraben, in einer Blutlache liegend, elend verendeten. Sie kniete in der Bank, drückte ihre Hände fest zusammen und betete vor sich hin:

Christi Mutter stand mit Schmerzen
Bei dem Kreuz und weint' von Herzen,
Als ihr lieber Sohn da hing.

Durch die Seele voller Trauer,
Seufzend unter Todesschauer,
Jetzt das Schwert des Leidens ging.

Welch ein Weh der Auserkornen,
Da sie sah den Eingebornen,
Wie er mit dem Tode rang!

Angst und Trauer, Qual und Bangen,
Alles Leid hielt sie umfangen,
Das nur je ein Herz durchdrang.

Da trat das Bild ihres Sohnes Anton vor ihre Augen, der im Kindesalters von 16 Jahren 10 Monaten zwei Wochen vor Kriegsende den sinnlosen Heldentod sterben mußte. Sie sah, wie er, von einer Schußgarbe einer Bordkanone eines Flugzeugs tödlich verwundet, schreiend nach seiner Mama rief. Noch konnte sie einige Worte

weiter beten, doch sie merkte, daß ihre Stimme versagte. Bei den folgenden Strophen lispelte sie nur mehr mit den Lippen, es waren keine Worte mehr:

Wer könnt' ohne Tränen sehen,
Christi Mutter also stehen
In so tiefen Jammers Not?

Wer nicht mit der Mutter weinen,
Seinen Schmerz mit ihrem einen,
Leidend bei des Sohnes Tod?

Sah ihn trostlos und verlassen
An dem blut'gen Kreuz erblassen,
Ihren lieben einz'gen Sohn.

Bei diesen Gedanken drangen die letzten Schreie ihres jüngsten Sohnes Anton ihr nochmals in die Ohren. Da versagten ihr die Sinne, sie verlor das Bewußtsein.

Nach einiger Zeit kehrte das Bewußtsein zurück. Die Mutter überflog die Namen ihrer Söhne auf dem Gedenkstein. Ein unsagbarer Schmerz stach ihr in die Brust, ein nie gekanntes Schaudern umwehte sie. Sie trat aus der Kapelle hinaus, schaute nochmals um und beim Anblick der vier Namen ihrer Söhne fiel sie tot um. Der Schmerz hatte ihr das Herz gebrochen.
Die Kunde von diesem tragischen Tod der Rapplmutter flog in Windeseile durch den ganzen Chiemgau, Inngau und Rupertigau. Generationen später war die Erinnerung daran noch lebendig.

Unter dem Druck der immer mehr zurückweichenden deutschen Fronten organisierte die NSDAP auch noch die letzten Reserven. Herbst 1944 wurden alle Männer im Alter von 16 bis 60 Jahren zum Volkssturm aufgeboten. Aufbau und Leitung oblagen den Gauleitern. Anschließend wurden Knaben und Mädchen in den Luftwaffenhelfer-Einheiten zur Bedienung der Flakgeschütze eingesetzt. Februar 1945 wurden die Mädchen und Frauen zum Hilfsdienst für den Volkssturm aufgerufen. März 1945 wurde der Geburtenjahrgang

1929, Burschen im Alter von 15 bis 16 Jahren, noch zur Wehrmacht eingezogen.

Auf dem Samerberg wurde eine Flugwarte eingerichtet, damit das Herannahen der alliierten Bombengeschwader rechtzeitig bemerkt und die Bevölkerung des Samerbergs gewarnt werden könne.

Auf der Anhöhe zwischen Obereck und Oberleiten wurde, unter den Buchen versteckt, ein Bunker aus Beton gebaut, in dem die Männer der umliegenden Orte und Gehöfte abwechselnd den Wachdienst versahen. Auch diese Maßnahme sollte die Bevölkerung auf den Ernst der Lage hinweisen und sie in der Verteidigungsbereitschaft zusammenschweißen.

In den letzten Wochen des Aprils marschierten unzählige Einheiten auf dem fluchtartigen Rückzug von Osten nach Westen, bis sie im Raum Rosenheim in die Hände der Amerikaner gerieten und im Lager Bad Aibling interniert wurden. Unzählige starben im Dreck des umzäunten schlammigen und patzigen Areals. Wo sie verscharrt wurden, ist unbekannt. Auch in den Rheinauen, so wurde berichtet, seien Hunderttausende deutsche Kriegsgefangene draufgegangen und verendet. Am 9. Mai 1945 trat die Kapitulation für das gesamte Reich in Kraft.

Die Zeit nach dem Krieg

Das Deutsche Reich war in den Grenzen von 1937 in vier Zonen aufgeteilt. Die östlich der Flüsse Oder und Neiße liegenden Gebiete des Deutschen Reiches wurden der polnischen und russischen Verwaltung unterstellt, blieben aber deutsch; die dort wohnenden Deutschen wurden aus ihrer Heimat vertrieben oder umgebracht. Deshalb war die Wohnungsnot sehr groß, da etwa 15 Millionen Heimatvertriebene aus Ostpreußen, den östlichen Teilen von Mecklenburg, Pommern und Brandenburg, aus Schlesien und dem Sudetenland aufgenommen und untergebracht werden mußten. Oft waren die Familien getrennt und wurden in verschiedenen Häusern und Familien beherbergt. Die ohnehin schon mißliche Lage verschlimmerte der Umstand, daß ein Teil der einheimischen Bevölkerung die Flüchtlinge aus purem Egoismus heraus ablehnte. Dagegen war der Flüchtlingsbeauftragte, der gleichberechtigt neben dem Bürgermeister stand, machtlos.

Auch die Schmiedfamilie nahm eine Flüchtlingsfamilie aus Schlesien auf, herzlich, nicht abweisend. Gleich bei der Ankunft und Zuteilung reichte der Vater jedem die Hand und sagte zu ihnen:

„Herzlich willkommen! Ihr seid in einem christlichen Haus. Im Dachgeschoß sind Räume für euch. Da sollt ihr euch wohl fühlen!"

Die Mutter sah, daß die Ankömmlinge, aus ihrer Heimat vertrieben, in die Fremde verfrachtet, ausgehungert und ausgemergelt waren, und dachte an ihren Sohn Hans, der auch irgendwo in den fernen Weiten Rußlands sein mochte. Gleich brachte sie Brot und Milch herbei, damit die armen Leute sich laben und stärken konnten, und hieß sie ebenfalls von ganzem Herzen willkommen.

Es entwickelte sich ein familiäres Verhältnis zwischen der alteingesessenen Schmiedfamilie und den Flüchtlingen, die tatkräftig auf dem Felde mithalfen.

Seit dem erlösenden Ende des Krieges waren mehr als ein Jahr übers Land gezogen. Plötzlich und unerwartet erreichte am 18. Juni 1946 die Astnereltern ein Brief ihres Sohnes Hans aus Rußland. Die Anschrift lautete kurz und bündig: „Johann Astner, UdSSR, Moskau, Rotes Kreuz, Postkasten 356/8 und 356/5." So wußten sie nicht, in welchem Teil der Sowjetunion er steckte.

73

Ministerium der Streitkräfte
UdSSR

Militäreinheit

Feldpost-Nr.

„ 18 „ 08 194 7 lager

Eisenach

Am 8. 45

Zone

Ausweis

Ehemaliger Kriegsgefangener

Astner Johann

(Name, Vorname, Vatersname)

geboren am *1925* ist aus dem

Kriegsgefangenenlager entlassen worden und befindet sich auf der Heimreise

nach *Debaun / Bayern*

21. AUG 1947

(Stempel)

Kommandeur der Einheit der Sowjetarmee

Feldpost-Nr.

А

НКО—СССР

Воинская часть
Полевая почта

№ 1048

« 18 » 08 194 7 г.

ОСВОБОЖДЕН ОТ КАРАНТИНА

СПРАВКА

Бывший военнопленный

Астнер Иоган Иоган

(Фамилия, имя, отчество)

1925 года рождения освобожден из лагеря для военно-

пленных и следует по месту своего постоянного жительства в г.

Дебаун / Бавария

место
для
печати

Командир в/ч Советской Армии

Полевая почта №

In dem Brief teilte Hans mit, daß er noch lebe und in einem Ort Sibiriens in einer ländlichen Schmiede arbeite. Seine Gesundheit sei angeschlagen. Eine ärztliche Versorgung gebe es nicht. Lobend erwähnte er seine Gastfamilie, die ihn liebevoll und zuvorkommend behandle. Sie sei sehr religiös, russisch-orthodox und lebe, wie es die Bibel vorschreibe. Von seiner Einheit wisse er nicht, wohin sie verstreut worden sei. Er wünsche vor allem, daß dieser unselige Krieg bald beendet sein möge.

Die Mutter war überglücklich, als der Brief von Hans daheim eintraf. Nun wußte sie, daß er noch lebte und in einer guten und rechtsgläubigen russischen Familie aufgenommen war. Sie betete zu Hause und in der Kirche noch inständiger, daß er bald, aus der Kriegsgefangenschaft entlassen, wohlbehalten in die Heimat zurückkehre. Von den kargen Pfennigen, die sie besaß, gab sie den größeren Teil für die Notleidenden.

Die Heimkehr

Als Johann Astner mit der Eisenbahn von München herkommend in Rosenheim ankam und die Holztreppchen vom Waggon zum Bahnsteig hinabstieg, trugen ihn die Füße kaum mehr. Er war innerlich so ergriffen, daß ihm das Bewußtsein schwand und die Kräfte des Körpers verließen. Etliche Männer, die den wankenden Heimkehrer gewahrten, liefen schnell zu ihm, stützten ihn und geleiteten ihn ins Bahnhofsgebäude, das ebenso wie viele Wohnsiedlungen der Stadt im Krieg zerbombt und völlig zerstört worden war. Dort setzte er sich auf eine notdürftig errichtete Bank, ruhte sich aus und suchte wieder zu Kräften zu gelangen.

Das trat ein Mann in die Halle. Er war einer der vielen, die sich durch einfache Darbietungen und Dienstleistungen ein bißchen Geld erheischten, um wieder für den Tag das Notwendigste zum Essen kaufen zu können. Er begann zu singen:

Der Sänger auf dem Jahrmarkt

Der Jahrmarkt lärmt, der Gaukler kreischt,   1
Die Karusselle kreisen.
Das Kind nach Süßigkeiten heischt,
Drehorgel leiern Weisen.
Das Riesenrad, die Achterbahn,
Schießbuden und auch Wasserkahn,
Welch lustiges Ergötzen!

Auf dem Podest dort steht ein Mann.   2
Auf der Gitarre schlägt er Klänge.
„Es singe uns, so gut er kann!",
Ein Ruf aus dem Gedränge.
Der Mann, zu Tränen tief gerührt,
Greift in die Saiten, wie ,s gebührt,
Und schauet in die Menge.

„Ich singe euch ein grausig Lied   3
Vom Kämpfen, Schlachten, Morden.
Das Blut klebte am Fingerglied.
Die Brust bekam ,nen Orden.
Ihr Alten habt es selbst erlebt.
Die Welt hat fürchterlich gebebt.
Ihr sollt es nie vergessen!

Der Friede ist das höchste Gut   4
Im Himmel und auf Erden.
Den Frieden trag in deinem Blut!
Nur so wirst glücklich werden.
Versöhnung, Liebe, Frieden und
Verständigung vereint im Bund,
Sie bringen Glück dem Menschen."

„Mein Freund, welchen begehrst du Dank?   5
Du hast so recht gesungen.
Der Worte Hall, der Töne Klang
Ist in mein Herz gedrungen",

Ruft aus der Masse einer laut.
Ein jeder staunt, ein jeder schaut,
Im Lobe sind sich alle einig.

„Zum Dank verlang' ich nichts,   6
Als daß mein Wort ihr höret,
Den Frieden liebt und nichts
Als Einigkeit begehret."
Viel Silberlinge, Dank und Gruß,
Fallen dem Sänger vor den Fuß.
Nachdenklich gehen alle weiter.

Hans, der in seiner Kraftlosigkeit den Sänger und die ihn umstehenden Leute kaum wahrgenommen hatte, erwachte wie aus einem Traum. Jedoch die Worte der dritten Strophe:

„Ich singe euch ein grausig Lied
Vom Kämpfen, Schlachten, Morden.
Das Blut klebte am Fingerglied.
Die Brust bekam ‚nen Orden.
Ihr Alten habt es selbst erlebt.
Die Welt hat fürchterlich gebebt.
Ihr sollt es nie vergessen!"

Diese Worte gingen ihm so sehr zu Herzen und erinnerten ihn an das Grauen und an die Gräueltaten der Kriegsfurie, daß er seinen Kopf senkte und Tränen aus seinen Augen flossen.

Die umstehenden Leute, die ebenfalls angekommen waren und darauf warteten, daß einer der Angehörigen sie abhole, schauten auf Hans hin und fühlten seinen inneren Schmerz mit und spürten ein Erbarmen mit dem armen heimkehrenden Landser.

Als er sich wieder gefaßt hatte, schwebten die hoffnungsvollen Worte an seinen Augen und Ohren vorüber:

„Der Friede ist das höchste Gut
Im Himmel und auf Erden.
Den Frieden trag in deinem Blut!

Nur so wirst glücklich werden.
Versöhnung, Liebe, Frieden und
Verständigung vereint im Bund,
Sie bringen Glück dem Menschen."

Da überzogen Freude und Hoffnung auf eine bessere Zukunft seine Gesichtszüge.

Etliche Frauen, die ihre eigenen Väter, Ehemänner und Söhne im Krieg verloren hatten, spürten, als sie ihn anblickten, Mitleid und wurden wieder an das Schicksal ihrer eigenen Männer erinnert. Sie fragten ihn, wo er daheim sei und wie er dorthin komme. Als er ihnen antwortete, er heiße Hans und sei beim Schmied in Esbaum zwischen Törwang und Roßholzen daheim, führten sie ihn zur Bushaltestelle „Samerberg", wo er ihnen vielmals dankte und dann den Bus bestieg."

Der 23. August des Jahres 1947 war angebrochen. Der Vater, die Söhne Anton und Peter und die Gesellen waren in der Schmiede tätig. Sie trugen allesamt zum Schutz des Körpers vor sprühenden Feuerfunken einen ledernen Schaber. Die Mutter war mit dem Sohn Josef und der Tochter Resi in der Egart unterhalb Bogenhausen. Sie schlagelten gerade das von der Sonnenhitze getrocknete Grummet, um es dann gegen Abend zu schöbern. Da riefen die anderen vom Ort her, sie sollten sofort nach Hause eilen. Der Hans sei da. Sepp und Resi flogen in ihrer jugendlichen Leichtigkeit nach Esbaum. Die Mutter lief hinter ihnen her. Sie zitterte am ganzen Körper, so aufgeregt war sie. Als sie an der Primizkapelle angekommen war, sah sie, wie vor dem Haus alle Hans umringten. Sie zwängte sich durch und stand vor ihm. Als er sie gewahrte, brachen Tränen aus seinen Augen, und die Zunge versagte ihm. Wortlos fiel er der Mutter an die Brust, schluchzte und weinte. Die Mutter brachte ebenfalls kein Wort heraus. Das Gefühl des glücklichen Wiedersehens überwältigte sie.
    Als sie sich gefaßt hatte, sah sie ihn an und merkte, wie sein von der Krankheit Tbc gekennzeichnetes Gesicht bis zur Unkenntlichkeit entstellt war. Sie sah auch, daß die rechte Ohrenklappe seiner Gebirgsjägermütze durch einen Streifschuß zerfetzt und notdürftig

zusammengenäht war. Das Blut in ihren Adern war erstarrt. Mit noch schluchzenden Worten fragte sie ihn:

„Hans, bis du es? Bist du es wirklich?"

Und noch ein drittes Mal fragte sie in ihrer Unsicherheit ihn:

„Hans, bis du es wirklich, mein Sohn Hans?"

Da brach er entkräftet zusammen und sackte ohnmächtig auf den Boden. Die Umstehenden hoben ihn auf und legten ihn in der Stube auf das Kanapee. Als er so dalag, erfüllte lautes Schluchzen und Weinen die Stube. Sie wußten nicht, ob Hans noch lebe oder schon verstorben sei. Seine Augengruben waren leer, seine Wangen eingefallen, seine Hautfarbe blaß und fahl.

Als er aus seiner Ohnmacht erwachte und die Augen aufschlug, riefen alle „Gott sei Dank!", und die Mutter zündete im Hergottswinkel eine Kerze der Dankbarkeit an.

Seine Brüder schauten seine Jägermütze an. Als sie die rechte durch einen Streifschuß zerrissene Ohrenklappe sahen, spürten sie, daß der Schuß auch sein Tod hätte sein können. Sie waren schon alt genug, um diese schauderhafte, gefährliche Situation zu erfassen.

„Da hast ein Riesenglück gehabt", sagte sein Bruder Peter zu ihm.

„Glück oder Schicksal", antwortete Hans. „Ich glaub', das Gebet hat mir geholfen."

Die Mutter kochte für ihn eine Haferflockensuppe, die ihm schmeckte und die er gut vertrug. Für alle hatte sie vor, Zwetschenkücherl zu backen. Dabei werden die Zwetschgen entkernt, in einen Mehlteig eingetaucht und in sprudelndem Fett gebacken. Hans, der diese Leibspeise immer schon bevorzugte, aß ein oder zwei solche Zwetschgenkücherl. Er mußte sie augenblicklich wieder erbrechen. Der Magen war diese heimische Kost nicht mehr gewohnt.

Die Ärzte stellten bei Hans eine Tuberkulose (Tbc) in fortgeschrittenem Grade fest. In den drei Wochen, wo er zu Hause sein durfte, hatte sich seine elfjährige Schwester Resi angesteckt, die ihrerseits wegen der gefürchteten Tbc ein dreiviertel Jahr nicht die Volksschule in Bartholomä besuchen durfte.

Die Dorfkapelle

Die Schmiedmutter ängstigte sich wegen des bedrohlichen Gesundheitszustandes ihres Sohnes und suchte ihre Zuflucht bei der Mutter Gottes. Die Verehrung Mariens verband sie mit dem innigsten Wunsche, ihr Sohn möge die völlige Gesundheit wieder erlangen. Mehrmals am Tage eilte sie zur Dorfkapelle im Ort, die an der Abzweigung nach Holzmann steht. Der Innenraum war klein und die Stuhlreihen so eng, daß man kaum knien konnte.

An diesem Tag saß sie wie üblich auf der Frauenseite. Gewöhnlich betete sie einen Rosenkranz, abwechselnd den freudenreichen, den schmerzhaften oder den glorreichen.

Sie hegte in sich das belebende Gefühl der Dankbarkeit, daß sie, wenn sie schon Gott nicht mit den Sinnen erfassen könne, so doch im Glauben erahnen dürfe. Sie bemühte sich auch, mit eigenen Gedanken und Worten eine Verbindung von dieser irdischen Welt zur himmlischen Welt herzustellen. Daß es eine Macht gibt, die über dem Menschen steht, war für sie eine alltägliche Erfahrung. Gott, der Allmächtige, der Schöpfer des Himmels und der Erde, der sichtbaren und der unsichtbaren Welten, war im Glauben und in der religiösen Vorstellung dieses höhere Wesen. Und daß die Menschen, die in ihrem Leben die Gebote und die Liebe Gottes am reinsten im Denken, Reden und Handeln in die Tat umgesetzt haben, Heilige, Gott wohlgefällige Menschen sind, stand für die Schmiedin unumstößlich fest. Ebenso hegte sie keinen Zweifel, daß diese Heiligen einflußreiche Fürsprecher bei Gott seien. So nahm sie immer wieder ihre Zuflucht im Gebet, nicht nur zu den Heiligen des Landes, sondern zur mächtigsten Fürsprecherin, zur Gottesmutter Maria.

An diesem Tage fiel es der Schmiedmutter schwer, einen Rosenkranz zu beten. Sie hatte die Arbeit im Stall mit acht Kühen und sechs Kalbinnen zu bewältigen. Melkmaschinen gab es damals noch nicht. So mußte sie die Kühe mit der Hand melken. Sohn Georg, der schon 21 Jahre alt war, hatte das Vieh zu füttern, die Liegestatt der Rinder auszumisten und wieder mit frischem Stroh einzustreuen. Die große und schwere Arbeit auf dem Felde übernahmen die Männer, die sonst in der Schmiede tätig waren. Da man damals weder Mähmaschine noch Ladewagen besaß, mußten sie alles mit der Hand mähen und das fertige Heu mit der Hand auf den Heuwagen laden, bis es ein großes Fuder war. Kühe zogen die Fuhre dann heim. Neben der Arbeit im Stall hatte die Mutter die Arbeit im Haushalt zu bewältigen. Als einzige Stütze hatte sie ihre Tochter Resi, die elf Jahre alt war und schon beim Kochen, Putzen und Waschen anpakken mußte. In der Schmiede arbeiteten der Vater, die Söhne Anton, der 19 Jahre alt war, und Peter, der auf 17 Jahre zuging. Sohn Josef, der mit 13 Jahren noch in die Schule ging, mußte in seiner Freizeit leichtere Handlangerarbeiten in der Schmiede übernehmen. Als Geselle war der Scherer Simon von Hundham in den Dienst getreten.

Die Schmiedmutter wählte aus den Mariengebeten die Sequenz zur Gnadenmutter von Thiersee in Tirol aus, die sie auswendig beten konnte, wohl wissend, daß die Mutter Gottes überall dieselbe ist, ob sie nun in Thiersee, Tuntenhausen und Altötting oder in Fatima und Lourdes verehrt wird, und begann:

„Jungfrau, Mutter Gottes mein!
Laß mich ganz dein eigen sein!
Dein im Leben und im Tod,
Dein in Unglück, Angst und Not,
Dein im Kreuz und bittrem Leid,
Dein für Zeit und Ewigkeit!
Jungfrau, Mutter Gottes mein!
Laß mich ganz dein eigen sein!"

Sie atmete tief durch, schöpfte Hoffnung, daß, wenn es Gottes Wille sei, ihr Sohn Hans wieder gesund nach Hause kommen werde, und fuhr im frommen Vertrauen fort:

„Mutter, auf dich hoff' und baue ich!
Mutter, zu dir ruf' und seufze ich!
Mutter, du Gütigste steh mir bei!
Mutter, du Mächtigste, Schutz mir verleih!
O Mutter, so komm, hilf beten mir!
O Mutter, so komm, hilf streiten mir!
O Mutter, so komm, hilf leiden mir!
O Mutter, so komm und bleib bei mir!

Du kannst mir ja helfen, o Mächtigste!
Du willst mir ja helfen, o Gütigste!
Du mußt mir nun helfen, o Treueste!
Du wirst mit auch helfen, Barmherzigste!
O Mutter der Gnade, der Christen Hort,
Du Zuflucht der Sünder, des Heiles Pfort,
Du Hoffnung der Erde, des Himmels Zier,
Du Trost der Betrübten, ihr Schutzpanier.

Wer hat je umsonst deine Hilf angefleht?
Wann hast du vergessen ein kindlich Gebet?
Drum ruf' ich beharrlich im Kreuz und im Leid:
,Maria hilft immer, sie hilft jederzeit.'
Ich ruf' voll Vertrauen in Leiden und Tod:
,Maria hilft immer in jeglicher Not!

Die Schmiedin hat all ihre Kräfte ins das Gebet hineingelegt und spürte nun den inneren Frieden. Sie hat Trost gefunden, daß Maria alles zum Guten wenden werde, ob wir Menschen dies verstehen oder nicht.

Sie verließ die Dorfkapelle und kehrte nach Hause zurück. Zu ihrem Ehemann sagte sie noch zuversichtlich:

„Unser Hans geht einem guten Ende entgegen. Entweder kehrt er gesund zu seiner Familie zurück, oder er wird bei Jesus, unserm Heiland, ewiges Glück finden. Maria wird Hans an der Hand nehmen und zur ewigen Anschauung Gottes führen. Was wollen wir mehr?" Er nickte zustimmend und versicherte ihr: „Was den Menschen zur ewigen Seligkeit dienlich ist, weiß Gott allein. Das ist so seit Ewigkeit und bleibt so in Ewigkeit."

Johanns Tod

Durch erholsame Spaziergänge suchte Hans wieder zu Kräften zu kommen. Der Appetit blieb ihm jedoch versagt. Der Körper schien an krankhafter Schwindsüchtigkeit zu leiden. Jedenfalls nahm Hans an Gewicht nicht zu, sondern bei der geringen Substanz, die er noch hatte, eher ab. Mitte September wurde seine Einweisung ins Sanatorium Ströbing bei Endorf, den späteren Bad Endorf, angeordnet. Hans fuhr in Begleitung seiner Eltern nach Ströbing. Beim Abschied sagte sein Vater zu ihm:

„Lieber Hans, jetzt sind wir zwar wieder getrennt, aber dennoch bist du uns so nahe, daß wir dich besuchen können."

Die Mutter war um den täglich gefährlicher auftretenden Husten besorgt. Bevor sie zu Hans „Behüt dich Gott!" sagte, drückte sie ihm einen Rosenkranz in die rechte Hand und versicherte ihm, daß Maria ihn nicht verlassen werde. Sie wisse das sicher; denn in einem Traum habe die Gottesmutter ihr diese Zusage gegeben. Unter Tränen verabschiedeten sie sich und gingen zu Fuß über Hirnsberg, Söllhuben, Achenmühle und Törwang nach Hause.

Einmal noch konnten Vater und Mutter ihren Sohn Hans in Ströbing besuchen. Damals gab es die öffentlichen Verkehrsmittel nur spärlich, so daß sie die Strecke von etwa 30 Kilometern zu Fuß zurücklegen mußten.

Beim diesem letzten Besuch, wo sie ihn noch lebend antrafen, merkten die Eltern, daß sich bei Hans der gesundheitliche Zustand verschlechtert hatte. Sie sprachen viel über die Familie in Esbaum, die Arbeit auf dem Felde und in der Schmiede, auch über die Kirchen auf dem Samerberg und über Onkel Peter, der zur Zeit die Expositur Hörgersdorf bei Dorfen seelsorglich betreute.

Die Zeit des Besuches war abgelaufen. Vater Johann drückte Hans die Hand, wünschte ihm gute Genesung und versprach, ihn baldmöglichst wieder aufzusuchen. Mutter Susanna umarmte ihren Sohn, bezeichnete seine Stirn mit dem Kreuzzeichen Gottes des Vaters, des Sohnes und des Heiligen Geistes, schüttelte weinend sanft seine Hand, und mit der Zusicherung, daß Gott alles recht machen werde, schied sie von ihm.

Einige Tage darauf kam von Ströbing der Telefonanruf, Hans sei am 17. Oktober 1947 an der unheilbaren Tbc verschieden. Zu Hause bereitete man die Überführung vor.

Die Schwestern teilten den Angehörigen mit, Hans habe im Bett liegend, beim Hinscheiden in die Ecke geschaut, wo das Kruzifix und die Mutter Gottes sich befänden. Auf seinem Gesicht seien eine erlösende Ruhe eingekehrt und ein glückliches Lächeln sichtbar geworden.

Gebetsandenken
an den Gefreiten

Hans Aftner

von Esbaum, Gem. Steinkirchen

geboren am 24. April 1925, gestorben am 17. Oktober 1947, nach der Heimkehr aus russischer Gefangenschaft (23. August 1947).

Als der Leichenwagen vorfuhr, warteten alle vor dem Schmiedhaus: die Familienmitglieder und die Schmiedegesellen, die Nachbarn ebenso wie viele in schwarze Trauerkleidung gehüllte Frauen und Männer aus den umliegenden Ortschaften, Weilern und Ainöden.

Hans wurde in der Postkammer aufgebahrt. In den zwei folgenden Abenden wurde in der Stube unter zahlreicher Beteiligung der Einwohner des hinteren Samerbergs der Sterberosenkranz gebetet. Am Tage der Beerdigung fuhren Pferde auf einem zu diesem Zwecke hergerichteten Heuwagen den Sarg von Esbaum über Siegharting nach Stainkirchen hinauf. Dem Sarge folgten die Eltern und Geschwister, die Verwandten und Bekannten, dann die vielen unzähligen Teilnehmer, betend, teils weinend.

Die anmutige und weithin sichtbare Bergkirche faßte nur einen kleinen Teil der Leute, die dem Hans das letzte Geleit gaben. Scharen von schwarz gekleideten Frauen und Männern füllten, während das Requiem in der Kirche gefeiert wurde, draußen die Gänge zwischen den Gräbern. Am offenen Grab sprach Pfarrer Dürnegger die Gebete zur Beerdigung und segnete das offene Grab und den Sarg. Beim Lied vom Guten Kameraden wurde der Sarg mit Stricken in die Grube hinabgesenkt. Die Nachbarn, die das Grab ausgeschaufelt hatten, füllten es auch wieder zu.

Pfarrer Dürnegger vermerkte im Sterbebuch der Pfarrei Törwang, Seite 131:

„Er (Johann Astner jun.) fiel, so hieß es bei der Beerdigung, einem doppelten Verbrechen zum Opfer: dem Krieg und der Gefangenschaft.“

Weiter schrieb der Pfarrer, der Hans das Requiem gehalten und ihn im Astner'schen Familiengrab in Stainkirchen auf dem Samerberg beerdigt hatte:

„Rite prov(isus) im Versehrtenheim Ströbing bei Endorf, nachdem er als Knabe in den Krieg ziehen mußte, sodann in russische Gefangenschaft kam und dort leiblich zu Grunde gehen mußte, bis er heimdurfte.“

Dieses traurige Schicksal des Soldaten Hans war nicht von Gott gegeben, sondern von Menschen verursacht. Den Leserinnen und Lesern sei ans Herz gelegt, immer auf der Hut zu sein, daß nicht Ähnliches sich wiederhole. Man erwäge nur die vielen Kriege, die seit

1945 in vielen Teilen der Welt geführt wurden, gleich aus welcher Begründung, gleich unter welchem Decknamen. Jeder Machthaber, der um seiner Macht willen, um sie zu erringen, zu festigen oder auszudehnen, einen Krieg führen will, sucht und findet Gründe, diesen Krieg zu rechtfertigen. Sogar die Rettung der „Menschlichkeit" wird angeführt. Und dann werden eben um dieser „falschen Menschlichkeit" willen unzählige Menschen vernichtet, indem die Luftstrategen mit Phosphor- und Napalmbomben riesige Teppiche niederwerfen lassen und die Befehlshaber mit Granaten oder anderen Vernichtungsmitteln nicht nur bewaffnete Soldaten, sondern auch Greise, wehrlose Frauen und selbst unschuldige Kinder morden.

Eine große Gefahr stellen die Machthaber dar, welche lehren, daß es weder einen Gott noch einen Satan gibt, und welche aus diesem Grunde auch das Gute und das Böse leugnen. Der gewaltige Kenner der menschlichen Seele, Dostojewski, sagte: „Wo Gott nicht ist, ist alles erlaubt."

Verehrte Leserinnen und Leser, es ist ein Zeichen der Vernunft, die Existenz des Guten und des Bösen, oder wie man es auch immer nennt, anzuerkennen und folgerichtig sich zu bemühen, das Gute zu tun und das Böse zu lassen und zu verhindern. Die letzte Bitte im Vaterunser gilt zu allen Zeiten: „Und führe uns nicht in Versuchung, sondern erlöse uns von dem Bösen! Amen!"

Anmerkung:
Seit der Beschäftigung mit den Astnerfamilien und der Fertigstellung der ersten Astner-Chronik am 29. Juni 1975 haben die in der vorliegenden Erzählung auftretenden Soldaten der Astnerfamilien, die alle im Felde geblieben sind, mein Denken beschäftigt und mich gleichsam zur Gestaltung ihrer Lebensläufe aufgefordert. Vom 30. Januar bis zum 15. Februar 2000 habe ich mein Anliegen in die Tat umgesetzt und meine Aufgabe gleich wie ein Gelübde erfüllt. Die Schicksale der vier gefallenen und vermißten Walchersöhne von Mitterhof sowie der Rapplfamilie von Giebing habe ich bei späteren Forschungen entdeckt und in die dritte Auflage eingefügt.
Rohrdorf, den 1. Mai 2011   Konrad Breitrainer

Die Ärztin

„Ich war krank, und ihr habt mich besucht" (Mt. 25,31-46)

I.

In der hügeligen Landschaft der waldreichen nördlichen Oberpfalz, die wegen ihres steinreichen Bodens im Volksmund auch Steinpfalz heißt, lebte eine weithin bekannte und beliebte Ärztin. Mögen alle Ärztinnen und Ärzte wegen ihres Einsatzes es wert sein, daß man sich ihrer erinnert, Frau Sophie ist dies in besonderem Maße.

Sie wurde am 9. Juni im unteren Teil des Ortes Höhenwang geboren. Es war das Jahr, das nach alter Tradition der Astrologie der Herrschaft der Sonne unterstellt war, zum siebten Male im 20. Jahrhundert. Mutter Theresia hatte am Morgen des Tages, an dem sie das erwartete Kind zur Welt bringen würde, vom Abreißkalender das Tagesblatt wie üblich abgerissen und den Spruch des Tages gelesen: „Selig die Barmherzigen; denn sie werden Barmherzigkeit finden." (Mt 5,7). Sie freute sich sehr über diesen Spruch und sah in ihm ein günstiges Vorzeichen für ihr Kind. In der Taufe gaben die Eltern ihrer Tochter den Namen der Hagia Sophia aus Konstantinopel.

Sophie wuchs in der Freiheit des ländlichen Lebens auf einem Bauernhofe auf. Ihrem Wesen nach war sie ein Zwilling, dessen Tierkreiszeichen am Nordhimmel die beiden lichtspendenden Sterne des Kastor und Pollux füllen. Kastor und Pollux, aus der Liebe des Zeus und der Leda entsprossen, galten als ritterliche Helfer auf weißen Schimmeln in allen Nöten. Es schien, als würden sie auch unsere Sophie auf ihrem Lebensweg hilfreich begleiten. Die Eigenschaften eines im Tierkreiszeichen des Zwillings geborenen Menschenkindes waren in ihrem Wollen und Handeln sichtbar. Die Willensstärke half ihr, sinnvolles und als richtig erkanntes Handeln auch anzupacken. Die Hartnäckigkeit trieb sie dazu, sich in eine einmal begonnene Sache so zu verbeißen, daß sie nicht mehr davon losließ. Und die Beständigkeit drängte sie, in ihren Entscheidungen stets gleiche Maßstäbe anzusetzen und, was sie einmal begonnen hatte, auch rasch zu Ende zu führen.

Zu allen Geschenken, die einem Zwilling in die Wiege gelegt werden, kam hinzu, daß im Jahr, als Sophie geboren wurde, die Venus das Sternzeichen des Zwillings durchwanderte und reichlich Rosen der Liebe auf die Sternenbahn streute.

Das natürliche Leben auf dem Huberhof, der ungezwungene Umgang mit den Tieren und die weiten Fluren weckten in ihr den Drang, eine ebenso unbefangene Haltung sich anzueignen.

In der Familie wuchsen fünf Dirndl heran. Zwei wurden Bäuerinnen, zwei ließ der Vater in die Medizin und eine ins Lehrfach gehen. Bis dahin durfte auf dem Lande nur ein Bub studieren und auch nur dann, wenn er Pfarrer werden sollte. Der Vater unserer zukünftigen Ärztin war jedoch der Zeit weit voraus. Als er die Tochter ins Humanistische Gymnasium der Kreisstadt gebracht und dort im Sekretariat angemeldet hatte, sagte er zum Lehrer, der die erste Klasse leitete: „Da ist unsere Sophie, zwar noch klein und schmächtig, aber hell im Köpfchen."

Obgleich die Hin- und Rückfahrt zur Schule in die entfernte Stadt viel Zeit beanspruchte, war es für die jugendliche Sophie kein Schaden. Sie war lustig, scherzte und lachte im Bus, soviel ihr guttat. Im Unterricht paßte sie dafür umso besser auf und merkte sich die Vokabeln des Lateinischen und Griechischen sehr gut. Von zu Hause bekam sie keine Unterstützung, um den immer schwieriger werdenden Stoff in Latein, Griechisch und Englisch zu verstehen. Auch in Mathematik mußte sie sich selber durchbeißen. So mußte sie sich es frühzeitig angewöhnen, in allem selbständig zu sein.

Nach dem Erwerb der Allgemeinen Hochschulreife beabsichtigte sie, Medizin zu studieren. Erst spürte sie in sich ein noch unsicheres natürliches Bestreben, anderen Menschen in Krankheit und Not helfen zu können. Sie folgte einer inneren Stimme, die in ihr nicht mehr verstummte, seit sie in einer Predigt die eindringlichen Worte Jesu gehört hatte: „Kommt, ihr Gesegneten meines Vaters, nehmt das Reich in Besitz, das euch seit Grundlegung der Welt bereitet ist! Denn ich war hungrig, und ihr habt mich gespeist; ich war durstig, und ihr habt mich getränkt; ich war ein Fremdling, und ihr habt mich beherbergt, nackt, und ihr habt mich bekleidet; ich war krank, und ihr habt mich besucht; ich lag im Gefängnis, und ihr seid zu mir gekommen. Dann werden ihm die Gerechten antworten: Herr, wann hätten wir dich hungrig gesehen und (dich) gespeist? Oder durstig und dich getränkt? Und wann hätten wir dich als Fremdling gesehen und beherbergt? Oder nackt und (dich) bekleidet? Und wann hätten wir dich krank oder im Gefängnis gesehen und wären zu dir gekommen? Und der König wird ihnen antworten: Wahrlich,

ich sage euch: Alles, was ihr einem von diesen meinen geringsten Brüdern getan habt, das habt ihr mir getan." (Mt 25,34-40)

Als sie vom Gottesdienst heimging, flogen ihr die Worte „Ich war krank, und ihr habt mich besucht" immer wieder durch den Kopf. Ihr Herz glühte auf, und ihr Sinn jubilierte. Ihr Fuß schwebte gleichsam über den abschüssigen, steinigen Heimweg. Sie war sich nun sicher, die Stimme Gottes, der alles vorausbestimmt, vernommen zu haben. Immer wieder sagte sie zu sich: „Lieber Gott, Dank sei dir, daß du mir den Weg gezeigt hast! Danke und wieder Danke!"

Zu Hause angekommen, sang sie laut vor sich hin: „Ich war krank, und ihr habt mich besucht." Da kam die Mutter dazu und fragte die Tochter, was diese Worte zu bedeuten hätten. Freudig antwortete ihr Sophie, daß es für sie eine echte Lebensaufgabe sei, Medizin zu studieren, um Kranken helfen zu können. Diese Einstellung gefiel der Mutter Theresia sehr, und sie bestärkte die Tochter in ihrem Vorhaben.

II.

Sophie, nun zu einer jungen, hübschen Frau herangewachsen, begab sich in die Metropole Unterfrankens nach Würzburg. Dort hatte die Medizinische Fakultät der Universitas Herbibolensis einen guten Ruf. Alle Bereiche, die eine künftige Medizinerin für ihren Beruf brauchte, eignete unsere Studentin sich flugs an. Anatomie und Biochemie, Biologie und Physiologie, dazu die übergreifenden Fächer Chemie und Physik waren ihr bald vertraut. Der Stoff war ihr anfangs ein bißchen fremd, aber mit den Monaten hatte sie sich mit ihm angefreundet. Und von da lief das Studium erfolgreich voran.

Zur selben Zeit beendete eine andere Medizinstudentin, Birgit mit Namen, in Würzburg ihre wissenschaftliche Ausbildung. Als sie in die schweren Tage der schriftlichen und mündlichen Prüfungen schritt, verlobte sie sich nach Altötting, um den Beistand der Helferin in allen Nöten zu erflehen. Ihre Examina wurden ausgezeichnet.

In dem beglückenden Gefühl, bald die dumpfen Hörsäle verlassen, die verstaubten Bücher weglegen und in die Freiheit des praktischen Ausbildungsabschnittes eintreten zu dürfen, genoß Birgit die allabendlichen Feiern in den Kneipen und Bars.

Da klangen die Lieder der früheren Verbindungen wieder auf. Erhebend wirkten Text und Melodie von „Gaudeamus igitur, iuvenes dum sumus" und von „Meum est propositum in taberna mori, ubi vina proxima morientis ori". Birgit, während des Studiums eine eifrige und gewissenhafte Kommilitonin, unbeirrt in das Erlernen des Stoffes vertieft, gab sich nun locker und gelöst. Sie nippte gerne das Gläschen mit dem herben und zugleich blumenvollen Volkacher Weißwein und stimmte in jedes Lied mit ein. Sie wirkte zurückhaltend im Vergleich zu den kneipengewohnten Kommilitonen, welche die Melodien mehr grölten als sangen.

Da entspann sich ein Gespräch über die Zukunftspläne, die jeder sich ausmalte.

Viktor, der noch nie aufgefallen war, betonte: „Ich habe nun lange genug studiert, jetzt will ich mal Geld verdienen. Der lateinische Spruch ‚Per aspra ad astra' soll auch für mich gelten."

Andere nahmen für sich in Anspruch, daß nach einem so anstrengenden Studium die entsprechend lohnende Tätigkeit folgen müsse.

Birgit, wie oben gesagt, während der vielen Semester unauffällig nach außen auftretend, aber zielstrebig nach innen gerichtet, träumte von einer Fachausbildung und einer gutgehenden Praxis in einer größeren Stadt in der Provinz.

Auch für Sophie kam die Zeit, das medizinische Studium an der Universität abzuschließen. Nach der Wissenschaftlichen Ausbildung verließ sie die bayerische Heimat und nahm in einem Krankenhaus in Bremen die praktische Ausbildung auf. In den einzelnen Bereichen der Inneren Medizin und Chirurgie, der Hals-Nasen-Ohren-Abteilung lernte sie begierig, schaute sich die Patienten in ihrem Leid genau an und bemühte sich, die Zusammenhänge ihres seelischen Leides und körperlichen Gebrechens zu verstehen. Mit besonderer Hingabe widmete sie sich dem Gebiet der Kardiologie. Immer wenn der Oberarzt an den einzelnen Betten die Visitation durchführte, hörte sie genau hin, was der Arzt fragte und die Patienten antworteten. Sie spürte dabei immer mehr die Not der Kranken. So streichelte sie, wenn der Arzt und die Schwestern von einem

Bett zu andern gingen, zum Abschied den bedrückten Kranken die Hand und tröstete sie mit einem aufmunternden Wort.

Als sie die gesetzlich vorgeschriebenen Praktiken mit Erfolg bestanden und die Praxisberechtigung als Internistin-Kardiologie erworben hatte, sagte sie sich: „Nun will ich zu meinen Landsleuten gehen! Wer weiß, die brauchen mich noch mehr als die Leute hier in der Stadt, wo es genügend Ärzte gibt. In abgelegenen Gebieten, wo das Alltagsleben beschwerlich ist, mangelt es an Ärzten. Ärzte aller Art sehen die einwohnerreichen Städte als fette Pfründe an, und das dünnbesiedelte Land gilt als leerer Futtertrog. Nun, so Sophie, ich will aufs Land, wo sie mich brauchen!"

III.

Als Sophie sich nun wieder in Waldkirchen, einem Ort ihrer früheren Heimat, als Allgemeinärztin niedergelassen hatte, spürte sie sofort die Nöte der Bevölkerung. Rund herum gab es außer den wenigen Handwerkern keine Arbeitsplätze. In dieser weit ausgedehnten Waldeinsamkeit siedelte sich keine Industrie an. Zu weit waren die Anfahrtswege für das benötigte Material, zu weit entfernt die Absatzmärkte, wohin man die Erzeugnisse hätte verkaufen können. Zudem waren die Verbindungsstraßen nur schlecht hergerichtet, für Fernfrachter ungeeignet. Für die daheim gebliebenen Frauen gab es keine Möglichkeiten, sich das tägliche Brot zu verdienen. Die Männer wurden in der Nacht vom Sonntag auf Montag mit Sammelbussen weit fort in die Ballungszentren um Nürnberg oder München gebracht, wo sie eine oder mehrere Wochen arbeiteten, bis sie wieder mit dem Bus heimkamen. Die Familien daheim mußten ohne den Vater auskommen. So lag die ganze Last auf den Schultern der Hausfrauen und Mütter.

So mancher Arbeiter kam im Milieu der Großstadt in dunkle Kreise, konnte das Heimweh nicht ertragen und versoff einen Teil des verdienten und wöchentlich bar ausbezahlten Lohnes. Die Schwermütigkeit nahm ihm die Kraft zur Selbstüberwindung, so daß er sich gehen ließ. In den Blechbaracken der Baustelle wurde abends Karten gespielt, getrunken, geraucht. Wie von selbst verfielen viele der Süchtigkeit. So geriet mancher in den Teufelskreis nach unten. Schillers Worte „Das ist der Fluch der bösen Tat, daß sie fortzeugend Böses muß gebähren" bewahrheiteten sich in jeder Baubaracke.

IV.

Die Praxis der Ärztin X. war anfänglich spärlich besucht. Niemand kannte sie, und viele glaubten, sie sei wie der Vorgänger den Patienten gegenüber zu sorglos.

Am Stammtisch beim Wirt in Waldkirchen war die neue Ärztin bald der Mittelpunkt der Gespräche. Der Hintermoar zweifelte, ob sie schon genügend Erfahrung sammeln habe können, um das breite Aufgabenfeld eines Landarztes zu beherrschen. Der Vorderöder dagegen hielt ihr die Stange. Er habe schon von mehreren Leuten gehört, daß sie die Erkrankung eines jeden einzelnen Patienten sehr ernst nehme. Sie lasse nicht locker, als bis sie die richtige Diagnose gefunden habe. Der Böhmermüller saß ruhig in der Ecke zwischen Mauer und Kachelofen. Er war sonst recht verschwiegen und wortkarg. Wie er nun vernahm, daß am Stammtisch rund herum von der neuen Ärztin gesprochen wurde, meldete er sich laut zu Wort. Da er anfangs im Wirrwar der lauten Worte unterging, verschaffte er sich mit der Hand Aufmerksamkeit. „Unsere neue Ärztin", sagte er, wobei er jede Silbe einzeln betonte, „ist eine gute Haut. Meiner Schwägerin, der Kistlerin, hat sie wunderbar geholfen. Als die Krankheit immer schlimmer wurde und die Kistlerin nicht mehr in die Praxis gehen konnte, kam die Ärztin, selbst bei Nacht und Nebel, ins Haus, bis die arme Frau wieder gesund war. Alle im Haus und in der Nachbarschaft sagen einmütig, daß die Ärztin ein Engel sei."

Wie die Kellnerin Monika vernahm, daß die Mannsbilder nur von der neuen Ärztin redeten und von ihr eingenommen waren, wurde sie im Innern eifersüchtig auf diese fremde Weibsperson, schepperte mit den Gläsern auf der Theke herum, daß man kein Wort mehr verstehen konnte, ging erst nervös in der Wirtsstubn umher, ließ dabei ihre Schritte deutlich hören und fing schließlich an, laut auf den Holzboden zu stampfen. Dann platzte sie heraus und schalt: „Habt denn ihr gar nichts anderes im Kopf als dieses neue Weibsbild? Ihr benehmt euch wie blindäugige Schürzenjäger. Denkt daran: Eine andere Mutter hat auch ein schönes Kind!"

Peter von der oberen Siedlung tröstete sie: „Du bist auch schön, Monika. Jeder gibt zu, daß du immer schick gekleidet bist. Deine freundliche Art haben wir zur rechten Zeit hervorgehoben. Du bedienst flott, läßt keinen warten, und wenn einer mal rüpelhaft ist, siehst du darüber hinweg, von uns aber wird er gehörig geschimpft, daß er sich's für alle Zukunft merkt. Was wir für gut und schön halten, ist bei dir selbstverständlich. Bei anderen Frauen fällt es auf."

Auch die anderen Stammtischbesucher stimmten ins Lob der feschen Kellnerin ein. Und jeder betonte mehrmals, daß er es mit seiner Meinung sehr ernst nehme. Da ward Monika wieder besänftigt, und sie vesah ihren Dienst wieder flott und gekonnt, wie eh und je.

Flugs waren viele Jahre übers Land verstrichen. Während Sophie in der dünnbesiedelten Steinpfalz sich der Kranken und Leidenden annahm, betrieb Birgit eine angesehene Praxis als Internistin in der Regierungsstadt der Oberpfalz. Sie mußte nicht in dunkler Nacht oder bei dichtem Nebel ihre Wohnung verlassen und zu ihren Patienten oder Patientinnen eilen. Sie mußte nicht auf einsamen Wegen die Patienten aufsuchen. Deshalb setzte sie sich keiner Gefährdung durch Diebe und Räuber aus. Die Allgemeinärzte der Umgegend schickten die schwerer erkrankten Patienten in die Fachpraxen der Großstadt. Birgit genoß ebenfalls einen guten Ruf, den der tägliche Zulauf bestätigte. Sie hatte eine geregelte Arbeitszeit, begann um neun Uhr morgens und schloß um fünf Uhr abends. Sie brachte es, wie sie's auch verdiente, zu Ansehen und Wohlstand.

V.

Ganz anders verlief der Alltag bei unserer Ärztin Sophie. In einer unheimlichen Nacht, als Wind und Sturm tobten, wurde sie in die Einöde Oberlohe gerufen. Die Mutter sei ernsthaft krank. Es gehe mit ihr abwärts. Weder die Familienangehörigen noch die Nachbarn oder Verwandten wüßten sich zu helfen.

Sophie packte den Notfallkoffer, füllte ihn mit Mitteln, die den Blutdruck senkten und das Herz stärkten. Sie legte auch Medikamente hinein, die den Schmerz linderten, die Entwässerung des Körpers förderten, und solche, die das Nervensystem beruhigten.

Sie machte sich mit dem Auto auf den Weg. Die lehmige Straße selber war teilweise von tiefen Furchen durchzogen, in welche die Vorderräder einsanken und nicht mehr gelenkt werden konnten. Dann liefen sie eben der Spur der Furchen entlang. Hie und da streifte der Volkswagen mit der Bodenplatte den zwischen den Furchen liegenden Höhenrücken der Straße. Die Steine kratzten den Unterboden und verursachten beängstigende Geräusche.

„Wenn ich hier in den Morast einsinke", dachte sie sich, „und steckenbleibe, dann bin ich verloren. Kein Mensch ist in dieser dunklen Einsamkeit, der mir heraushelfen könnte."

So befiel sie auf der Strecke öfters ein ungutes Gefühl. Was sollte sie tun, wenn der Motor stotterte oder gar ausfiele und nicht mehr ginge? Was, wenn der Weg im Wald versperrt wäre? Und was, wenn gar Banditen und Räuber aus den Büschen sprängen und sie ausplünderten? Sie redete sich Mut zu. Schließlich gelangte sie in Oberlohe an.

Sophie merkte bei ihrer Patientin, der Oberloherin, daß in ihre Ehe sich eine Krise eingeschlichen hatte. Bei einem Hausbesuch schüttete die arme Frau ihr leidgeplagtes Herz vor der Ärztin aus. Ihr Mann sei wochenlang auswärts, und wenn er heimkomme, sei er innerlich fremd zu seiner Familie. Er meide das Bett seiner Ehefrau, die Kinder fahre er barsch an. Er versinke immer mehr in Schweigen und lehne Gespräche ab. Einzig das Bier und der Schnaps seien ihm lieb. Die innere Entfremdung mache das Leben in der Einsamkeit von Oberlohe doppelt unerträglich.

„Liebe Oberloherin", tröstete die Ärztin sie, „es wird alles wieder gut, wenn er im Winter längere Zeit daheim ist. Auf der Baustelle in

München, da hat er's nicht leicht. Die vielen fremden Menschen, die langen Abende in den Bars und Spelunken, die Wochen der Einsamkeit, das ist für einen echten Wäldler eine drückende Last. Wenn er diese Belastung los ist, wird er wieder der alte freundliche Oberloher sein." Die Oberloherin schluchzte und faßte wieder Hoffnung.

Sie hatte aber auch eine zweite Last zu tragen. Einer ihrer Söhne, der keine Arbeit hatte, viel herumsaß und vor Langeweile in zweifelhaftem Umfeld sich herumtrieb, litt unter dem Müßiggang. Er war in Kreise geraten, wo Drogen wie Heroin insgeheim gehandelt wurden. Da ging viel Geld drauf, und bald war er mittellos. Ihn und seine Kumpanen drückte chronische Geldnot, so daß sie zuweilen davon sprachen, wie man zu Geld kommen könne. Die Mutter spürte, daß hinter den geflüsterten Worten Raub, Diebstahl und Erpressung sich verbargen. Das bedrückte sie.

Die Ärztin maß den Blutdruck der Patientin und prüfte ihren Puls. Beides war im Bereich des Normalen, der Blutdruck 140 zu 70, der Puls 72. Ihr Mißbefinden mußte andere Ursachen haben. Vielleicht waren,s die schlaflosen Nächte, die nagenden Sorgen um den Sohn oder die Furcht vor einer Verschlimmerung der Ehekrise. Sie verordnete der Oberloherin wirksame Tabletten zur Beruhigung und empfahl ihr viel Ruhe und Schlaf. Als die Ärztin das Haus verließ, war die Hausmutter wieder einigermaßen hergestellt.

VI.

In der letzten Zeit hatten düstere Träume die Ärztin geplagt. Sie war alleinstehend. Niemand war im Haus, mit niemandem konnte sie sich ausreden. Oft lag sie schweißgebadet im Bett, konnte keinen Schlaf finden, wälzte sich hin und herum und mußte Tabletten zu Hilfe nehmen, um zuguterletzt doch noch einschlafen zu können.

Unter den Beängstigungen war jenes Traumbild am schlimmsten, das sie kürzlich wie eine Trud heimsuchte und drückte, bis ihr die Luft wegblieb: Vermummte Räuber lauerten im Wald, versteckt hinter dichten Büschen, und warteten, bis jemand des Weges komme, den sie überfallen, Hände und Füße fesseln, den Mund knebeln, ausplündern und ausrauben könnten. Kaltherzig, wie sie waren, hätten sie das wehrlose Opfer in der kalten Nacht draußen liegengelassen, obwohl es da halbnackt erfrieren hätte können, und seien unter höhnischem Gelächter davongerast.

Seit dem Wegfall des Eisernen Vorhangs, der nach dem Zweiten Weltkrieg Deutschland und Europa trennte, und der damit erfolgten Öffnung der Grenze zum Osten schlichen sich über die Grüne Grenze viele Burschen und Männer verschiedenster Nationen ein, die hier Verbrechen begingen, sich der Festnahme entzogen und stehenden Fußes über die Grenze sich absetzten.

Um sich die Last vom Herzen zu nehmen, schrieb Sophie ihrer Mutter einen Brief, in dem sie ihre Ängste und Träume darlegte. Die Mama antwortete liebevoll und tröstete ihre Tochter, indem sie ihr versicherte, daß sie allzeit für sie beten werde. Und wenn nichts mehr helfe, beten helfe immer. So ließ sich die Tochter beruhigen.

Die Tage vergingen, die Arbeit der Ärztin wurde immer umfangreicher. Sie hatte keine Zeit, den Gedanken und Befürchtungen nachzugehen.

VII.

Tage und Nächte wechselten sich ab, Wochen und Monate gingen übers Land. Bei der Sophie häufte sich die Arbeit. An Dienstagen und Freitagen blieb sie bis 8 Uhr oder 9 Uhr nachts in der Praxis, oft auch länger, bis sie den letzten Patienten untersucht und versorgt hatte.

Da wurde sie eines Tages, als es schon finster geworden war und eine dichte Wolkendecke den Himmel verfinsterte, zur Oberloherin gerufen. Sie ringe nach Luft, drohe zu ersticken und werde von Stichschmerzen in der Brust geplagt.

Sophie packte in aller Eile den Notkoffer, bestieg das Auto und fuhr nach Oberlohe. Nach einem Kilometer versperrte ein rot-weißer Querbalken die Straße. Aufblinkende Warnlampen sicherten die Sperre. Ein rundes weißes Schild mit roter Umrandung besagte „Durchfahrt verboten".

Ohne den Grund der Absperrung zu kennen, nahm sie einen weiten Umweg, um zur Patientin zu gelangen. Dieser Umweg war ihr unbekannt. Er führte durch einsame Waldungen und lag abseits der bewohnten Dörfer und Weiler. Wegweiser waren nicht angebracht, da die dortige Gemeindeverwaltung, sorglos wie sie war, es vernachlässigt hatte, solche aufzustellen.

Während der Fahrt wuchs der Ostwind zu einem Orkan an und bog die Fichten und Tannen so stark, daß sie sich ächzend und knirschend halb zu Boden neigten. Die Sträucher und Gebüsche waren wie lebendige Geister, die hin und her huschten, miteinander mauschelten und wisperten. Es schien, als würden sie von Ort zu Ort schweben. Gut, daß hie und da ein Blitz das Firmament erleuchtete und Sophie wieder Orientierung fand. Der Platzregen prasselte auf die Straße nieder. Es bildeten sich Pfützen und Lachen.

Als sie an eine Weggabelung ankam, wo zwei schmale Pfade getrennt weiterführten, aber kein Zeichen Richtung und Ort angab, bog Sophie schnell entschlossen auf den rechten Weg ein, hoffend, auf ihm so rasch wie möglich nach Oberlohe zu gelangen. Sie mußte alle Aufmerksamkeit aufwenden, um mit dem VW Käfer, der sich sonst als recht geländegängig erwies, in der Spur zu bleiben und nicht in einen der links und rechts des Weges verlaufenden Gräben abzurutschen.

Da schimmerte zwischen den Baumstämmen von weit her ein Licht hindurch. Sophie war nun froh, bald, wie sie dachte, am Ziel in Oberlohe zu sein und atmete erleichtert auf. Sie hörte ihren eigenen Atem. Das gab ihr Hoffnung. Erst bog der Weg durch einen Jungwald. Die grünen Zweige ragten bis an die Fahrspur heran, und sie mußte auf den ersten Gang zurückschalten, um das Auto in diesem Wirrwar noch unter Kontrolle zu halten. Verkrampft umfaßte sie das Lenkrad. Dann erleichterte ein Hochwald die Fahrt. Die astlosen Stämme ließen einen weiten Blick auf die kommende Strecke zu. Der nächtliche Sturm raste über die Wipfel hinweg. Am Waldboden war nichts zu spüren.

Die Ärztin näherte sich merklich dem vorher wahrgenommenen Licht. Ein Holzlust von etwa fünf Meter hohen Fichten trennte sie noch vom erhofften Ziel.

Plötzlich lag ein Baumstamm quer über dem Weg. Sie mußte anhalten. Ihre Hände zitterten. Das Blut stockte ihr in den Adern. Da sprangen links und rechts aus dem Unterholz vermummte Burschen, die Pistolen drohend in den Händen hielten und sie auf die Ärztin richteten. Einige blieben im Schutz der Zweige verborgen und bewegten gespensterhaft die Zweige.

„Geld her!" rief einer der verwegenen Gestalten, der mit der Waffe wild umherfuchtelte. Ein anderer grölte mit verstellter Stimme: „Die Uhr und den Ring!" Die restlichen Spießgesellen standen starr da, wie angewurzelt.

Die Ärztin war mit ihren Gedanken bei der Oberloherin, machte ein Gelübde nach Ältötting, kurbelte das Türfenster herunter, warf ihre Geldbörse den Räubern vor die Füße und schrie in ihrem Todesschreck: „Auf die Seite! Weg frei! Ich muß zur Oberloherin! Die liegt im Sterben!"

Da packte einer, der sich über das Gesicht einen Sack gezogen hatte, um unerkannt zu sein, einen seiner Kameraden, zog ihn vom Weg und brüllte heiser: „Zurück! Sie muß zur Oberloherin! Die liegt im Sterben!" Einer bückte sich nieder und riß die Geldbörse an sich. Die anderen folgten aufs Wort, zerrten den Balken aus dem Weg in den Graben, wo sie ihn liegenließen, und verschwanden eiligst hinter den Gebüschen.

Sophie litt anfangs unter einem Schock, die Augen blieben leer, die Gedanken unbeweglich. Die Benommenheit nahm ihr die Fähigkeit zu Gedanken. In dieser Starre steckte sie eine Zeitlang. Allmählich löste sich die Beklemmung, und sie fand wieder zu sich. Niemand war mehr zu sehen, keine huschende Gestalt, keine fürchterliche Person.

VIII.

Nach kurzer Irrfahrt durch schwer befahrbare Waldwege kam die Ärztin, wie von einem Schutzengel geleitet, in Oberlohe an. Das Haus der Patientin war hell erleuchtet. Eilends verließ Sophie das Auto, klopfte an die Türe und trat zitternd in den Flur ein. Der Vater war in Nürnberg bei der Arbeit. Einer der Söhne war nicht daheim. Die übrigen Kinder wachten bei der Mutter, legten ihr Essigwickel auf die Brust und streichelten liebevoll ihre Hände. Weinend baten sie die Ärztin, ihrer todkranken Mutter zu helfen.

Am abgesunkenen Blutdruck und langsamen Puls erkannte Sophie schnell, daß das Herz eine kräftige Stärkung brauchte. Sie verabreichte ihr zuerst eine Spritze Lasix, damit der Körper besser entwässert werde. Sodann gab sie ihr eine Spritze Novodigal, damit das Herz wieder zu Kräften komme.

Nach einiger Zeit bewegte die Oberloherin leicht ihre Augenlider und schlug sie schließlich auf. Lange blieb sie stumm. Schließlich fand sie ihre Stimme wieder und sagte:

„Doktorin, gut daß du da bist! Jetzt geht's mir wieder besser. Ich hab' schon geglaubt, daß es mit mir dahingeht."

Und den Blick auf die Kinder gerichtet, fuhr sie fort:

„Vergelt's Gott, Doktorin!" und fügte schluchzend hinzu: „Ich darf nicht sterben. Die Kinder brauchen mich noch. Einer braucht mich ganz besonders."

IX.

Auch die Doktorin Birgit war eine Frau, welche den Glauben und die Religion ernst nahm. Sie hatte, wie vorhin berichtet, in einer persönlichen Notsituation sich nach Altötting verlobt und Hilfe gefunden. Nun löste sie ihr Versprechen ein und betete mit aller Andacht zu Maria, der Mutter der Barmherzigkeit, der Helferin in Not und Drangsal.

Trotz aller Hingabe an das Gebet glaubte sie zu spüren, daß sie bei ihrem Gelübde zu sehr an sich selbst und nicht an andere gedacht habe. Da veränderte sich ihr Wesen und Denken. Sie nahm sich fest vor, künftig nicht so sehr sich, sondern die anderen, welche ihre Hilfe bräuchten, in den Mittelpunkt ihres Lebens zu stellen.

X.

Als Frühjahr in das Land gezogen war, löste auch Sophie ihr Gelübde ein und fuhr zur Mutter Gottes nach Altötting. Schon während der Fahrt über Cham und Straubing betete sie zu Gott, dankte der Mutter Gottes und dem Schutzengel, die sie aus höchster Lebensgefahr errettet hatten.

In Altötting waren alle Parkplätze besetzt. So stellte sie ihren Wagen in einer abgelegenen Gasse ab und ging zu Fuß zur Gnadenkapelle, wo sie ganz hinten, um unerkannt zu bleiben, im Gebet verharrte. Lange blieb sie in sich versunken und murmelte im stillen immer wieder das „Vater unser" und das „Gegrüßet seist du, Maria". Schließlich betete sie den schmerzensreichen Rosenkranz. Die einzelnen in die Mitte des „Gegrüßet seist du, Maria" eingefügten Sätze

„Der für uns Blut geschwitzt hat", „Der für uns gegeißelt worden ist" und „Der für uns mit Dornen gekrönt worden ist" betete sie mit besonderer Innigkeit. Beim Gesetzchen „Der für uns das schwere Kreuz getragen hat" seufzte sie. Und als gar das Gesetzchen „Der für uns gekreuzigt worden ist" dran war, rollten ihr die Tränen über die Wangen. Sie spürte, daß Gott, der Unendliche, ihr Gelübde für die Ewigkeit angenommen hatte.

Viele Gläubige waren dorthin gekommen, um ein Gelübde einzulösen oder in einer Notlage Hilfe zu erbitten. Viele Frauen und Männer, deren Schultern ein besonders schweres Los drückte, z.B. eine todbringende Krankheit eines Familienmitgliedes, nahmen ein Holzkreuz auf sich und schleppten es mehrmals um die Kapelle herum. Auch Kinder und Greise schämten sich nicht, das Kreuz zu tragen und mit diesem sichtbaren Zeichen ihrer Bitte besonderen Nachdruck zu verleihen.

Sophie kehrte zufrieden und innerlich bereichert nach Waldkirchen in der Steinpfalz zurück. Sie wirkte in der Praxis und bei den Besuchen so hingebungsvoll, daß in der Bevölkerung der Spruch entstand: „Wo die Ärztin Sophie ist, gibt es Hoffnung und Zuversicht."

Einige Zeit später las Sophie in der Zeitung, daß gewissenlose und profitgierige Dealer eine Gruppe jugendlicher Burschen in die Rauschgiftsucht gelockt hätten. Erst boten sie ihnen den Stoff zu billigen Preisen. Nachdem bei den Jugendlichen die Süchtigkeit und Abhängigkeit spürbar und sichtbar geworden war, erhöhten sie die Preise und stießen die Jugendlichen in die Rauschgiftkriminalität. Die Dealer setzten sich, als die Gefahr durch Zivilfander der Polizei zunahm, über die Grenze ins Ausland ab und entzogen sich so der Festnahme.

Die heroinabhängigen Burschen hätten mehrmals Raubzüge unternommen, um sich das notwendige Geld für den teuren Stoff zu beschaffen. Sie seien nach langwierigen Beobachtungen und Nachforschungen von Zivilfahndern der Polizei aufgegriffen und verhaftet worden. Auch der Sohn der Oberloherin sei mit anderen verurteilt und eingesperrt worden.

Von Konrad Breitrainer ebenfalls
im August von Goethe Literaturverlag erschienen:

„*Die ehrlose, wehrlose Jungfrau*"

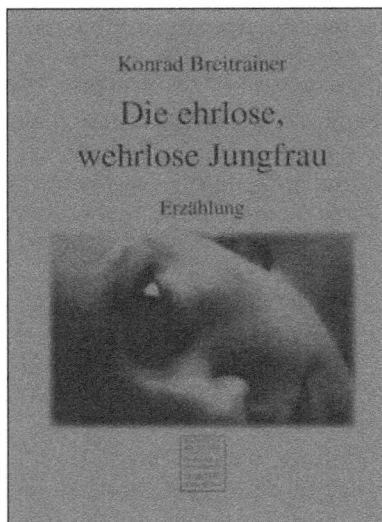

Mit seinem Buch „Die ehrlose, wehrlose Jungfrau" hat der Autor Konrad Breitrainer auf der Grundlage seiner eigenen Familiengeschichte ein packendes und leidenschaftliches Plädoyer für mehr Menschlichkeit und Christlichkeit auf dieser Welt geschaffen. Die Erzählung ist zwar insgesamt von einem religiösen Grundton gekennzeichnet, doch geschieht dies in einer offenen und oft kirchenkritischen Art und Weise, die jede Form von missionarischem Eifer vermeidet und somit (auch für den nicht-religiösen Leser) nicht anstößig wirkt. Der Textfluß weist keine störenden Brüche auf, der Sprachstil bleibt trotz gelegentlicher Anklänge an die ‚bairische' Mundart stets verständlich, die Dramatik wird langsam und stetig bis zum Höhepunkt aufgebaut, was der Lesbarkeit des Werkes insgesamt sehr zuträglich ist. Der sehr persönliche Hintergrund der Erzählung verleiht ihr ferner ein hohes Maß an Authentizität. Dementsprechend fällt es dem Leser schwer, das Buch wieder hinzulegen, weil er/sie unbedingt wissen muß, wie die Geschichte ausgeht."

ISBN 978-3-8372-0509-1
ISBN 978-1-84698-959-9
sFr 20,00 • € 10,80 • £ 7,20

www.ingramcontent.com/pod-product-compliance
Lightning Source LLC
Chambersburg PA
CBHW022306060426
42446CB00007BA/728